U0675845

李学勤　罗哲文

俞伟超　曾宪通　彭卿云

民族崛起的东汉

李　默／主编

中华文明是人类历史上最伟大的文明之一，是人类文明发展的主要构成。中华文明丰富、深刻、辉煌、博大，在人类文明中的骨干作用和领导作用为人所共知。在人类文明的发源时期，中华文明就是四大古文明之一，是地球上文化的策源地之一。

广东旅游出版社

GUANGDONG TRAVEL & TOURISM PRESS

悦读书·悦旅行·悦享人生

中国·广州

图书在版编目（CIP）数据

民族崛起的东汉 / 李默主编 . — 广州 : 广东旅游
出版社 , 2013.1（2024.8 重印）
ISBN 978-7-80766-415-4

Ⅰ . ①民… Ⅱ . ①李… Ⅲ . ①中国历史－东汉时代－
通俗读物 Ⅳ . ① K234.209

中国版本图书馆 CIP 数据核字 (2012) 第 257998 号

出 版 人：刘志松
总 策 划：李　默
责任编辑：张晶晶　黎　娜
装帧设计：盛世书香工作室　腾飞文化
责任校对：李瑞苑
责任技编：冼志良

民族崛起的东汉
MIN ZU JUE QI DE DONG HAN

广东旅游出版社出版发行
（广东省广州市荔湾区沙面北街 71 号首、二层）
邮编：510130
电话：020-87347732（总编室）020-87348887（销售热线）
投稿邮箱：2026542779@qq.com
印刷：三河市嵩川印刷有限公司
　　　（河北省廊坊市三河市杨庄镇肖庄子村）
开本：650×920mm　16 开
字数：105 千字
印张：10
版次：2013 年 1 月第 1 版
印次：2024 年 8 月第 3 次印刷
定价：45.80 元

出版者识

　　《话说中华文明》是一部全景式图文并茂记录中国文明历史的大书。出版者穷数年之力，会集各方力量——专家、学者、编辑、学术顾问们，在浩如烟海的历史档案、资料、著作中，探珍问宝，追寻中华文明在悠悠历史长河中的灿烂之光。此书的出版，凝聚了编撰者的心血，学术顾问们的智慧。尤其是李学勤先生，亲自动笔写下了序言，更增加了本书沉甸甸的分量。

　　中华文明的历史充满了辉煌与苦难，成就和挫折。它的历史无处不在，决定着我们中国人今天的思想和感情。当今的中国和中国人是中华文明的历史造就的，是中华文明的历史的延伸，也是它的一个组成部分，中华文明的历史之河奔流到现在。

　　中华文明是人类历史上最伟大的文明之一，是人类文明发展的主要构成。中华文明丰富、深刻、辉煌、博大，在人类文明中的骨干作用和领导作用人所共知。在人类文明的发源时期，中国就是四大古国之一，是地球上文化的策源地之一。在人类文明的早期，中华文明成为文明在东方的支柱，公元前后200年间，人类的汉帝国与罗马帝国这两只铁手攫住了地球。在欧洲进入中世纪的时候，中华文明更成为人类文明最主要的领导，它的文明统治东亚，传遍世界。进入近代，中华文明处于自身的重压和西方的欺凌下，但中国人民的斗争史和奋起精神是人类文明历史中不可缺少的一页。

　　五千年的中华文明为人类贡献出了从思想家孔子到科学技术的四大发明、从唐诗宋词到长城运河的伟大创造，贡献出了从诸子百家到宋明理学，从商周铜器到明清文学的深刻内涵，也贡献出了从五霸七强到三国纷争、从文景之治到十大武功的辉煌历史。中华文明的历史绚烂多彩，在人类文明的历史长河中永放光芒。

　　中华文明也是人类历史上最独特的文明，没有哪一个文明像中华文明这样持久，这样统一一致。世界上其他文明不但互相交错，其创造者也都与高加索体质的人种有关，它们是姐妹文明。在人类历史中，只有中华文明才是独特的，它的创造者是中国土地上的中国人民，与其他任何地方的人民都没有关系，它的文化是统一一致的文化，可以不依赖于其他任何文明而生存，但中华文明也绝不是封闭的，它接受他人的文化，也承担自己对于人类的责任。

　　人类进入新世纪，中国的社会经济发展令世人瞩目。人们对于世界未来的政治和经济结构的估计无不以东亚和太平洋为中心，而尤以中国为重点。

　　经济起飞只是当代中国的一个方面，中国的精神文明的建设尤为刻不容缓。如果中国要自觉地发展中华文明，要有意识地使中国的发展具有世界意义，就必须发展强有力的精神文化，这样才能使中华文明的发展进入一个新的阶段，才能形成中国和中华文明的全面现代化。

而中国的精神文化的发展植根于中华文明的伟大传统之中。进入近代之后，在西方文化的冲击下，对于中国文化的价值产生大量的情绪化和激烈冲突的论调。"五四"运动打倒孔家店的口号具有冲破封建束缚的时代意义，对中国文化的发展有不容否认的正面意义，与文化虚无主义是完全不同的。文化虚无主义者否定中国传统文化，在现代化的旗帜下主张全盘西化；而复古主义则沉迷于中国文化的古董，走进反进步、反科学的泥潭。

历史的发展则超越了所有这些论点，产生这些论调的一百多年来的中国近代史已经结束。历史要求中国发展，要求中国走在全世界发展的前列。西化论和复古论都已过时，历史已经要求世界超越西方，中国可以承担起世界的命运，而中国的现实和世界的历史都说明，中国的使命在于它的发展前进，而非倒退。

中华文明走出迷惘的时代，我们这一代处在一个伟大而具有挑战的历史阶段。

总结历史、展望未来，这就是《话说中华文明》的意义和使命。我们创作《话说中华文明》，力求总结和回顾中华文明的全貌，在内容和形式上都开创一个新的局面。在内容结构上，既具有一定的深度，又具有相当的广博性，既有严谨、准确的学术价值，又有活泼、流畅的可读性。我们在本丛书内纳了中华文明的各个方面，使它综合了大规模学术著作的系统性、严密性和普及读物的全面性、简易性，它既可作为大型工具书检索中华文明的各个成分，又可作为通俗的读物进行浏览。

我们从上世纪 90 年代初起就开始思考中华文明的历史和现实问题，并逐渐形成了编著《话说中华文明》的设想。在开展这项庞大的文化工程之始，我们就聘请了国内权威学者李学勤、罗哲文、俞伟超、曾宪通、彭卿云诸先生担任学术顾问，他们对计划作了充分讨论，并审阅了大量初稿。我们聘请了广州、香港地区的社会科学学者、大学教师、研究生以及我社编辑人员几十人担任稿件的撰写工作。

通过创作这部书，我们深深地感受到了中华文明的博大精深，也感受到了它的内在缺陷。中华文明具有辉煌的时期，也有苦难的年代，有它灿烂的成就，也有其不足的方面。中华文明在自身中能够吸取充分的经验和教训，就能够使自身健康壮大，成长发展。

通过创作这部书，我们也深深感受到了出版事业的使命和重任。我们希望这部书能受到广大读者的喜爱，起到它所应当起的作用。为中华文明的反省、前进和奋起作一点贡献。

目　录

民族崛起的东汉

民族崛起的东汉

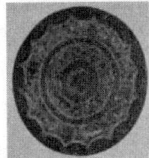

东汉

141 ~ 160A.D.

东汉

141A.D. 汉永和六年

正月，东西羌会合，势大炽。

张陵修道于鹤鸣山，作道书二十四篇，创"五斗米教"。

144A.D. 汉汉安三年　建康元年

南郡、江夏民纷起暴动。四月，使匈奴中郎将马寔破降南匈奴左部，胡、羌、乌桓皆降。顺帝死，皇太子炳嗣位，是为孝冲皇帝，皇太后梁氏临朝称制。十一月，九江人徐凤、马勉等起义，勉称皇帝。道士于若以《太平清领书》170卷授宫崇。

145A.D. 汉孝冲皇帝刘炳永嘉元年

正月，冲帝死。大将军梁冀定策立勃海王鸿子缵嗣位，是为孝质皇帝。

146A.D. 汉孝质皇帝刘缵本初元年

四月，令郡国举明经，年五十以上、七十以下，诣太学；自大将军以下皆遣子受业，岁满课试，拜官有差。自是太学生增至三万余人。六月，梁冀鸩杀质帝，迎蠡吾侯志嗣位，是为孝桓皇帝；皇太后梁氏仍临朝。

147A.D. 汉孝桓皇帝刘志建和元年

大月氏僧支谦至洛阳。

武梁祠画像石开始刊刻，历几十年而成。

148A.D. 汉建和二年

安息僧安世高至洛阳，译经并传播小乘佛学。

151A.D. 汉桓帝元嘉元年

命伏无忌、崔寔、边韶、延笃、朱穆等继修《东观汉纪》，编至顺、质二朝。

为纪念投江寻父的孝女曹娥，在会稽上虞（今属浙江）江边立《曹娥碑》，由邯郸淳撰文并书碑，为汉隶名碑之一。

152A.D. 汉元嘉二年

《敦煌所出东汉元嘉二年五弦琴谱》汉简为迄今发现的最早的古乐谱。

156A.D. 汉永寿二年

七月，鲜卑大人檀石槐尽有匈奴故地，南入云中。

鲁相韩敕修饰孔庙、制造礼器。是年，孔庙《礼器碑》（即《韩敕造孔庙礼器碑》）立石。书法健劲雄强，为汉隶名碑。

五斗米道创立者张陵卒（34 ~ ）。

梁冀专权·张纲埋轮

东汉坐佛石刻。佛教在东汉初已传入中国内地，佛教建筑和遗像也同时在内地兴起。但保留下来的却为数甚少，这个坐佛姿态生动，线条简练，具有犍陀罗艺术的形式和作风，是中国早期佛教造像的代表作之一。

东汉自冲帝以至桓帝中叶都是外戚的天下，皇后之兄梁冀权势高涨，胡作非为。士大夫如张纲等人被迫退回田里，否则就面临下狱或杀身之祸。

顺帝死后，梁太后抱着他两岁的儿子置之宝座之上，定为冲帝。冲帝在位一年，夭折。为了利用幼弱，梁太后与梁冀密谋，又从皇族中选定一个8岁的孩子，作为政权的象征，是为质帝。但质帝幼而聪明，他在八岁的时候，便认识到梁冀是一个跋扈将军，因而不合傀儡的条件，所以不到一年，这个可爱的孩子遂被梁冀毒死。接着而来的，是一个十五岁的孩子，这就是桓帝。

桓帝即位，即封梁冀为三万户，增加梁冀所领大将军府的官属，倍于三公；又封梁冀的兄弟和儿子皆为万户侯。并封梁冀妻孙寿为襄城君，兼食阳翟租，岁入五千万，加赐赤绂，和长公主同等待遇。梁冀入朝可以"入朝不趋，剑履上殿，谒赞不名"。朝会时，不与三公站在同一席子上，十天到尚书台办公一次。从此以后，事无大小，都要经过梁冀决定，才能执行。不但文武百官的升迁，要先到梁府去谢恩，就是皇帝的近侍，也都由梁冀派遣，皇帝的一举一动，都要报告梁冀。又隔了两年，总计梁冀一门，前后有七封侯，三皇后，六贵人，二大将军，夫人、女食邑称君者七人，尚公主三人，其余卿将伊校57人。在位20余年，穷极满盛，威行内外，百僚侧目，莫敢违命。

可笑的是，梁冀等人假装做出整顿吏治的样子，于汉安元年，派遣大使徇行郡国，考察风俗。其中有一位年青的使者张纲，独埋车辆于洛阳都亭，不肯出发。他说："豺狼当道，安问狐狸！"并且上了一封奏折，指责外戚，指责梁冀一族纵恣无底，陷害忠良。忠言逆耳，张纲反因此被贬出朝歌。梁冀依旧作威作福。

安世高到洛阳

桓帝建和二年（148），安息国（今伊朗）高僧安世高到洛阳，翻译佛经，传播佛教。

安世高即安清，本为安息太子，继位不久即让位于叔父，自己则出家修行，精研佛法。他经敦煌到洛阳后，认真学习汉语，从此在汉朝从事佛经翻译20余年，译出佛经35部41卷，如《安般守意经》等。他还在中国传布小乘佛

民族崛起的东汉

教禅定论，对后世禅学有一定影响。安世高还是汉译佛经的创始人。

安世高译有一经说"杨枝"可以使"口齿好看，方白齐平"。由此，刷牙习惯不久即由印度传入中国。

各地纷纷起义

顺帝时，朝政贪污腐化，骄奢淫侈，农民则求草根树而不可得。在这样的天灾人祸中，农民纷纷揭竿起义。

各地起义风起云涌，遍及江浙、两湖、中原、赣皖等地。151年，海盗攻杀今浙江余姚、奉化、鄞县和会稽官署；扬州六郡的农民起义遍及49县，官吏死伤甚多；144年，九江一带盗贼自称无上将军，攻烧城池，劫掠财产。160年，劳丙在山东聚众起义，攻打郡县，杀掠汉朝官吏；145年，张婴在扬州、陆官在安徽宣城，先后聚众起义；同时，安徽库江、和县等地民众也组织攻打官府，杀掠权贵。

这些起义大多持续时间不长，规模也不大，但他们到处攻陷郡县，杀戮长吏，甚至发掘皇陵，实为汉朝心腹之忧。时人称为盗贼蜂起。

杨秉、朱穆搏击宦官

外戚、宦官的虐政，酿成了士大夫反对其政治的斗争，早期杨秉、朱穆甚为坚决。

杨秉是东汉名臣杨震之子，长期隐居山村，开学授徒，而不仕朝政。不惑之年后，始入仕，历任豫、荆、徐、兖州刺史，为官勤政廉洁，两袖清风。147年，杨秉入宫，旋即官拜太尉。当时宦官专权，从中央到地方，显职多为宦官控制，他们贪赃枉法，怨声载道。杨秉于是奏请罢免其罪恶昭彰者50余人，并请免去侯爵，获得成功。杨秉在朝尽心尽职，宦官气焰不得不有所收缩，为朝野称道。

朱穆为冀州刺史时，水灾暴发，数十万户流离失所。而宦官赵忠却擅自

用玙璠、玉匣为父殉葬。朱穆乃依法开棺并欲治其罪。桓帝闻知，反将朱穆治罪，幸有太学生请愿得免。

反击宦官，到后来，便发展成中国历史上有名的党锢之祸。

张陵创立五斗米道

鹤鸣山

晋干宝《搜神记》中的道教源流插图

民族崛起的东汉

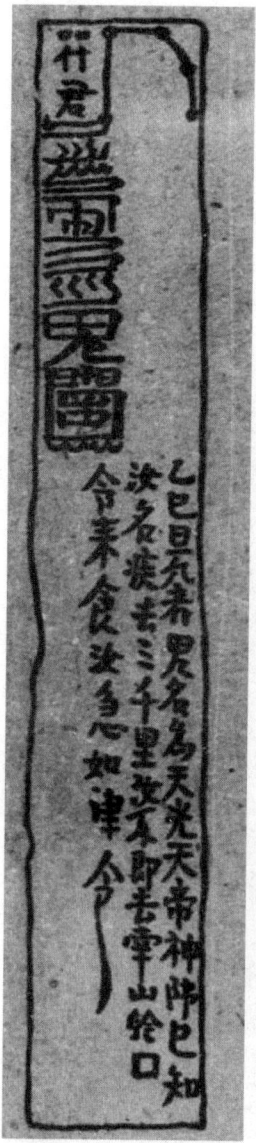

符箓木片

道教莲花座造像

五斗米道是东汉顺帝（126 ~ 144）时张陵在西蜀鹤鸣山（一名鹄鸣山，在今四川大邑县境内）开创的早期道教教派，因信奉该道的人必须出五斗米，或称因其崇拜五方星斗和斗姆而得名。同时，因张陵自称太上老君降命他为天师，"五斗米道"又称"天师道"。

张陵（34 ~ 156），又称张道陵，字辅汉。相传为汉留侯张良后裔，沛国丰（今江苏丰县）人。少年时就研读《道德经》及天文地理、河洛图纬书籍，曾进太学，通晓五经，被推选进"贤良方正直言报谏科"。东汉明帝时曾做过巴郡江州（今四川重庆）县令。后隐居北邙山（今河南洛阳北），学习长生不老之道。朝廷征召他为博士，他假装患病，没有应征。和帝即位，征召他为太傅，封为冀县侯，三次下诏相召，他都未接受。顺帝时，他开始在蜀鹤鸣山修道，自称太上老君降命他为天师，自称三法师正一真人，尊老子为教主，奉《老子五千文》（《道德经》）为主要经典，并自著《老子想尔注》，造作道书24篇。其教义源出于古代神鬼思想，巫术和神仙方术，谶纬神学思想和黄老思想，还杂揉了巴蜀地区少数民族的原始宗教信仰，五斗米道教导信教者悔过，并用符水咒法治病。

张陵共有弟子三百多人，以王长、赵升最得真传，他死后，其子孙承袭天师道法，其孙张鲁曾在巴郡、汉中建立过长达30年的政教合一的政权，五斗米道才得以公开传播。后在唐、宋、元三朝均被帝王册封。天师之职世代承袭。元以后统归于正一道，五斗米道才正式消失。

《太平青领书》出现

建康元年（144），《太平青领书》被呈献于朝廷，汉代道教的发展由此可见其盛。

东汉是道教形成和发展的重要时期。道教早期经典《太平青领书》大约形成于东汉末，由术士于吉编定成书，共4部170卷，用白绢抄写，朱书标目。为增加神秘色彩，伪托是在曲阳（今河北曲阳）泉上得之于神人的传授。该书内容荒诞不经，多是阴阳五行、神鬼玄术。《太平青领书》对于民间传播道教有很大影响。它是流传至今最早的道教经典。后来道教也是沿着书中所谓道术发展下去。其提出的"太平"思想，引起乱世中农民的共鸣，甚至影响到以后的"太平道"、"太平军"、"太平天国"等农民起义。

《太平经》流传

《太平经》是著名的道教经典，关于它的形成，历史上有三种说法：一说是汉成帝时齐人甘忠可诈作《天官历》、《包元太平经》十二卷；一说是张陵《太平洞极经》144卷；还有一说是汉顺帝时琅琊人宫崇上其师于吉于曲阳泉水上所得神书170卷。现在《正统道藏》里收的《太平经》包括3部分：《太平经》原书170卷中残存的57卷，大约成书在东汉中晚期；《太平经钞》10部，每部一卷；《太平经圣君秘旨》共7页。

《太平经》是最早的流传到今天的道教经典。通常将汉顺帝时琅琊宫崇所上其师于吉写的《太平清领书》作为《太平经》演变的来源。《太平经》是道教的原始经典，因为初期的道教并无系统教义，而《太平经》的出现使这一状况改变。《太平经》糅合了巫觋杂语，阴阳五行思想，某些佛教义理和谶纬。

东汉中叶以后，由于封建王朝统治者一贯的横征暴敛，再加上水旱灾害不断，疫病四处漫延，人民痛苦万状，巨鹿人（今河北宁晋）张角顺应时势，奉《太平经》为其主要经典，创立太平道。宣传《太平经》的道教神学与道术，反对剥削敛财，反对《太平经》中"积财亿万，不肯救穷周急，使人饥寒而死，罪不除也"，并用跪拜首过、符水咒语的方式为人治病，使百姓信服。太平道创始人及主要领导人的名号都是根据《太平经》思想而来。

《太平经》书中大力反对剥削和以强凌弱，宣扬救穷赈急和自力更生，还提出"天下太平"的社会理想，所描述的太平世界公正和谐，自然界与人类社会各得其所。这种改良思想尤其是"太平"的理想引起当时人们强烈的共鸣，影响波及"太平道"、"太平军"以及"太平天国"。

但《太平经》毕竟是道教理论的起始，它不仅承袭老子思想，也受当时神仙方术和图谶的影响，更受西汉今文《易》学京氏学的影响。《太平经》提出了两个神学系统，一个是天地阴阳系统，认为天意体现在阴阳五行；另一个是神仙系统，分作六等。经书认为二者平行且对应。《太平经》神化了老子，推为后圣、九玄帝君的至尊天神，宣扬精、气、神三者合一的长生不死神仙思想以及天、地、人三者合一的治国济世思想。经书采用道家、阴阳五行家言语，宣讲对神仙的景仰，并论及天地、灾异、五行、瑞应、巫术、医学、养生、政治思想和伦理道德，也涉及一些当时社会情况。

总之，《太平经》影响道教深远，后来的道教就顺着它内部炼养长生、外部兴国济世的路发展，它对当时张角传播太平道组织农民起义有着启发和帮助，也影响五斗米道。并为后世的道教研究史、中医史、农民战争史提供了研究资料。

梁冀灭门

外戚的权势高涨，宦官的威风就相形见绌。因而形成了宦官与外戚之间的矛盾。这种矛盾到延熹二年（159），随着梁后死，裙带断，便决裂了。当

东汉陶楼彩绘收租图

时皇帝与宦官同盟，发动政变，把梁氏一门无分长少，都斩尽杀绝。但是从外戚手中接收政权的，不是皇帝，而是宦官。

诛梁冀由中常侍单超、徐瑛、具瑗、左悺、唐衡五人主谋，由桓帝下诏逮捕梁冀。梁冀及其妻畏罪自杀，其余亲属则无论老少均被杀灭，公卿、校尉、刺史、二千石亦有数十人死难。梁氏财产也全被没收，共30余亿。

诛梁冀有功的单超等五人，即得封侯，世称"五侯"。因此而受赏者还有数十人，皆为宦官。宦官登台以后，其威风亦不减于外戚。皇帝亦视宦官为心腹。

汉镜鼎盛

汉代，我国铜镜制作工艺达到了一个新的水平。

中国早在殷商时期便出现了早期的铜镜，到战国时期，已能铸造出轻薄精巧的铜镜，并饰以绚丽多彩的花纹。西汉时期，正当许多青铜制品被漆器和陶瓷器取代的时候，铜镜艺术却获得了长足的发展，达到前所未有的水平。西汉前期的铜镜，花纹虽稍有变化，但仍保持了"战国式镜"的遗风，不同的是有些铜镜开始出现铭文。当时最流行的是"蟠螭纹镜"，有些蟠螭纹镜的花纹中出现了"规矩形"纹样。到汉武帝时期，铜镜的形制和花纹出现了显著的变化，镜缘都为平缘，改变断面弧形内凹的样式；战国镜中三弦纹的桥形小钮消失，变为普遍流行的半球状钮；战国式镜上常见的地纹消失，花纹严格对称于镜面中心，可分为四区；铭文增多。这些变化，使铜镜发展成为真正的汉式镜。西汉后期，以"日光镜"和"昭明镜"最为典型。王莽时期，铜镜的纹饰题材有了新的创新和突破，一种新的"方格规矩镜"大量流行，上面饰有各种禽鸟、瑞兽和青龙、白虎等四神图像，还有子、丑、寅、卯等"十二时"的字样，是阴阳五行思想在铜镜制作上的反映，为铜镜的主题纹饰开辟了新途径。那些动物图像经过夸张和神化，构图奇巧，具有强烈的动感和艺术魅力。

东汉时期，铜镜制作达到更高水平，长江流域出现浮雕式的"神兽镜"和"画像镜"，神兽镜以东王父、西王母等神像和龙、虎等兽纹为主纹；画像镜则有车马、歌舞、历史人物、传说故事等图像。这些镜图纹丰富繁缛，为浮雕

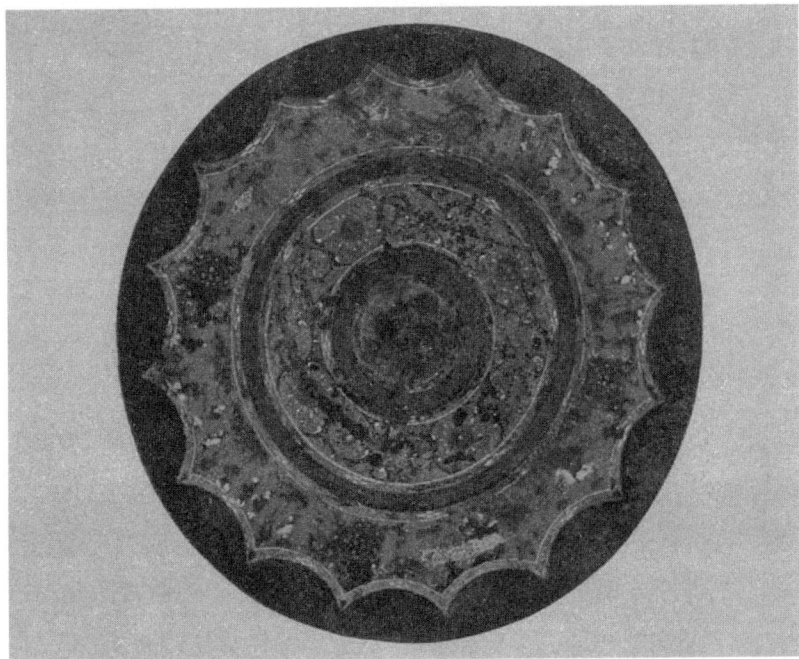

彩绘车马人物镜

鎏金中国大宁博局纹镜　　　　　　伍子胥画像镜

式纹样，有极强的立体感，一改过去以单线勾勒的方法，开后代铜镜图案方圆浮雕的先河。在浙江出土的一些神人车马画像镜，四区画面中，一区十二匹骏马并排疾驰，一区为四马拉车并行，另外二区分别为静坐神人及左右侍者。图中奔马扬蹄，两旁立屏竖起，生动地表现出车马风驰电掣的奔跑场面，充满强烈的运动感。历史人物题材纹饰以伍子胥画像镜最为常见。东汉铜镜的铭文有长有短，长者多为七字句，多达二三十字，短如"长宜子孙"、"位至三公"等，仅4字。从铭文中可获知大量历史年代资料。

汉代铜镜艺术达到一个最为鼎盛繁荣的时期，形制和纹饰更为丰富多彩，铸造方法更为精巧创新，为后世艺术提供了宝贵的借鉴。

桓召名士而不得

外戚、宦官走进朝堂，士大夫就必然退回田里，这几乎也是中国史上的一个规律。159年，桓帝征召天下名士，但无人响应。

顺帝时，就有士大夫归隐。桓帝时，知识分子纷纷逃入山林，耻与宦官为伍。桓帝曾以安车、玄纁征处士徐穉、姜肱、袁闳、韦著、李昙五人，但他们谁也不肯去替宦官政治歌功颂德，而且进而批评当时的政治，五人都不应召。恒帝又征名士魏恒，魏恒说进宫等于活着去而死着回来，亦隐居不出。

武氏祠画像石

位于今天山东嘉祥县南武宅山的武氏祠画像石是汉代墓葬规模较大，具有较高艺术价值和典型意义的一处。

武氏祠是指武氏家族墓葬现存的门前双阙及三个石祠，即武梁祠、武班祠和武荣祠。石阙和武梁碑的记载表明，它是在东汉桓帝建和元年（147），由石工孟孚、李第卯、孙宗等人刻造，并由当时的良匠卫改"雕文刻画"而成的。

武氏祠的特色在其众多的历史人物故事画，而且画像之旁往往有榜文题铭和赞语。其中既有神农黄帝、尧舜禹汤、文武周孔等帝王圣贤画像，又有

武氏祠画像题记

武氏祠水陆攻战画像

荆轲刺秦王、专诸刺王僚、曹沫劫桓公、相如完璧等忠勇义士的故事；既有表现节妇烈女的京师节女、梁节姑姊、秋胡妻、王陵母等故事，又有表现行孝的老莱子斑衣娱亲、董永卖身葬父、邢渠哺父等故事。

武氏祠的画像采用凸面刻线法雕刻，风格严谨朴拙，具有写实特色。构图则用分层分格的方法，在一层中包括一个主题内容下的多个不同画面和人物；构图复杂而又均衡匀称，具有浓郁的装饰效果。每个故事又善于把握事态转折瞬间和冲突高潮，画中人物多具有夸张的戏剧性动作，在平稳构图中表现出动感和力度。

武氏祠三祠的画像布局大体相似，看来当时墓葬画像的内容布局都有一定的制度：东西两石阙的画像内容为神仙灵异，车马人物与历史故事。祠堂中心后壁明显处是墓主的庄园、宴饮图；墓主车骑出行图则在后壁和小龛的横额长石上。后壁高处和两山墙的上方是儒家门人的高贵形象。围绕东王公和西王母为主的神话传说都刻在两山墙的山尖处，神仙、灵异、祥瑞图像刻于顶部，暗示天降祥瑞。另外按五行思想中西方属金主肃杀的观念，攻战图被刻在石祠内的西壁下。

王符著《潜夫论》

东汉末年，朝庭为外戚、宦官把持，政治严重腐败，一批政论家和思想家不苟权贵，敢于揭露和抨击社会的矛盾和弊端，兴起社会批判和主张改革的进步思潮。王符就是其中主要代表人之一，他所著的《潜夫论》反映了他的社会批判思想和改革主张。

王符（85？～163？），字节信，安定临泾（今甘肃镇原）人。东汉著名的政论家、文学家，和马融、张衡、崔瑗等著名学者是好友。他不流于俗，不求引荐，所以游宦不获升迁。于是愤愤而隐居，专心著书，终身不仕。延嘉五年（162），同乡度辽将军皇甫规解官返乡，乡人纷纷前往拜候，皇甫冷落退职太守而欢迎王符，以致当时流传"徒见二千石，不如一缝掖"的说法。

王符著书是为"讥当时失得，不欲章显其名"，所以他将书名定为《潜夫论》。《潜夫论》今存本 35 篇，《叙录》1 篇，共 36 篇。全书以《赞学》开始，以

《五德志》叙说帝王世系，《志氏姓》考证谱牒源流而结束。

王符《潜夫论》形成了颇具特色的宇宙生成论。王符受王充元气自然论影响，认为天地万物的产生，都是气之所为。基于这样的自然论，王符认为要建立一种"人天情通，气感相和"的天人关系。他认为要搞好政治，就能"理其政而和天气"，实现"兴大化而升太平"。

王符主张发挥人的主观能动作用，在认识论上，承继荀子"积习"观点，强调要获得知识，都必须通过学习。他主张如实反映情况，名实相符。他揭露和斥责社会上种种虚伪、欺诈的现象，认为名实不相符的根源在权势者的独断专行，"富者乘其材（财）力，贵者阻其势要，以钱为贤，以刚强为上"。

王符在《潜夫论》中对当时流行的谶纬神学流传的汉之兴盛与天相应的符瑞说进行了批驳。他认为若违背自然规律，国家必遭覆灭。他指出，"官益大者罪益重，位益高者罪益深"，"衰世之恶，常与爵位自相副"，把矛头直指最高统治者。

王符认为东汉末年的社会危机是由于豪强地主的挥霍无度、社会风尚骄奢淫靡、工商业畸形发展，导致大批农民舍本逐末，严重腐蚀和破坏了封建社会的经济基础。因此他主张"崇本抑末"，限制工商业的畸形发展。同时，他反对"族姓""门阀"的政治特权，反映出当时庶族地主和平民要求参与政治和社会改革的愿望。

王符提出社会改革要将以法治和思想统治的"德化"相结合。人君治天下"要在于明操法术"，而且对"妄违法之吏，妄造令之臣，不可不诛"，希望加强君主的权力，打击外戚及宦官、豪强世族地主的政治势力，以解决东汉的社会危机。

崔寔著《政论》

崔寔所著《政论》大致产生于汉桓帝和灵帝（即147～189）间。崔寔，字子真，生年不详，约卒于汉灵帝建宁年间（约170）。涿郡安平（今河北涿州市）人。祖父崔骃、父亲崔瑗都以文章出名。崔寔家世寒素，但他喜好典籍，有经史百家的传统修养。曾做过五原太守、辽东太守。所著《政论》，现在

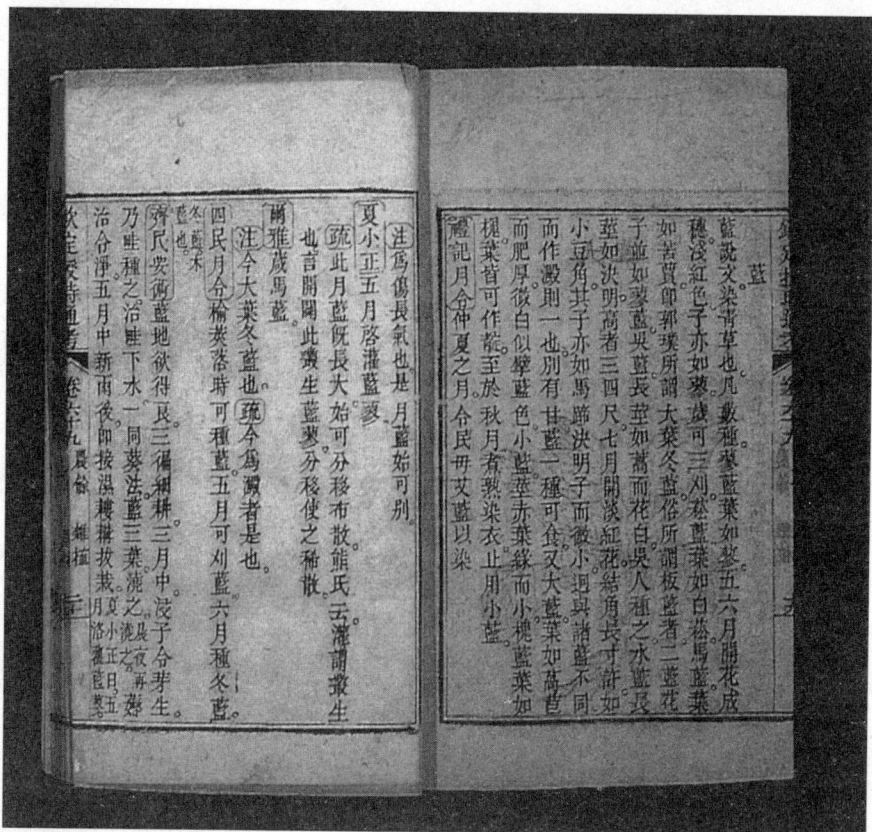

民族崛起的东汉

《政论》书影

全书已佚失，仅有片断保存在《全后汉文》和《群书治要》中。

　　崔寔深切感到当时社会风俗已败坏，社会危机十分深重。他首先在书中揭露当时存在的"三患"：上下竞为奢侈浮华、弃农经商和厚葬，其结果是造成百姓"饥馁流死"，被迫"起为盗贼"。这三患造成社会危机深重。面对这种情景，他认为社会到了非改革不可的地步。再加上贪官酷吏对百姓随意捕杀、任意欺榨，"嗷嗷之怨，咎归于天"，"仇满天下，可不惧哉！"

　　因此，在《政论》中崔寔针对汉末乱世情况，认为当时已无力推行王政，主张用严刑竣法惩治贪官酷吏和百姓中的"奸轨"不法之徒，这样才能使社会安定下来。崔寔一改以德教仁政为主的儒家观点，主张实行霸政、法治。

在《政论》中，针对社会风习侈靡，他主张限制工商业畸形发展，强调要效法子产相郑，严格等级制度，限制官僚贵族以至庶人、富商、豪族地主的骄奢逾制，使国家得到治理。同时，他主张恢复井田，实行井田制，这样可以抑止兼并，防止贫富不均。还希望朝廷效法景帝、武帝那样组织移民，把徐、兖、冀三州人稠土狭之民，迁徙到凉州宽阔之地上进行开垦，以赡贫困。

崔寔在《政论》中，对汉末社会黑暗腐败进行了揭露和批判，对社会改革提出自己的建议，这一切都具有一定的进步意义。崔寔极力主张推行严刑峻法的霸政思想，一方面暴露东汉王朝面临的严重的社会危机，不依靠暴力镇压和法律惩办已难维持；另一面也反映出神学经学的衰落，名法思想有所抬头，学术思想的发展趋向开始发生变化。有一定进步思想的崔寔敏感地发现了这一切，提出一定的行之有效的措施。

汉代灯具造型精美

汉代豆卮组合灯

民族崛起的东汉

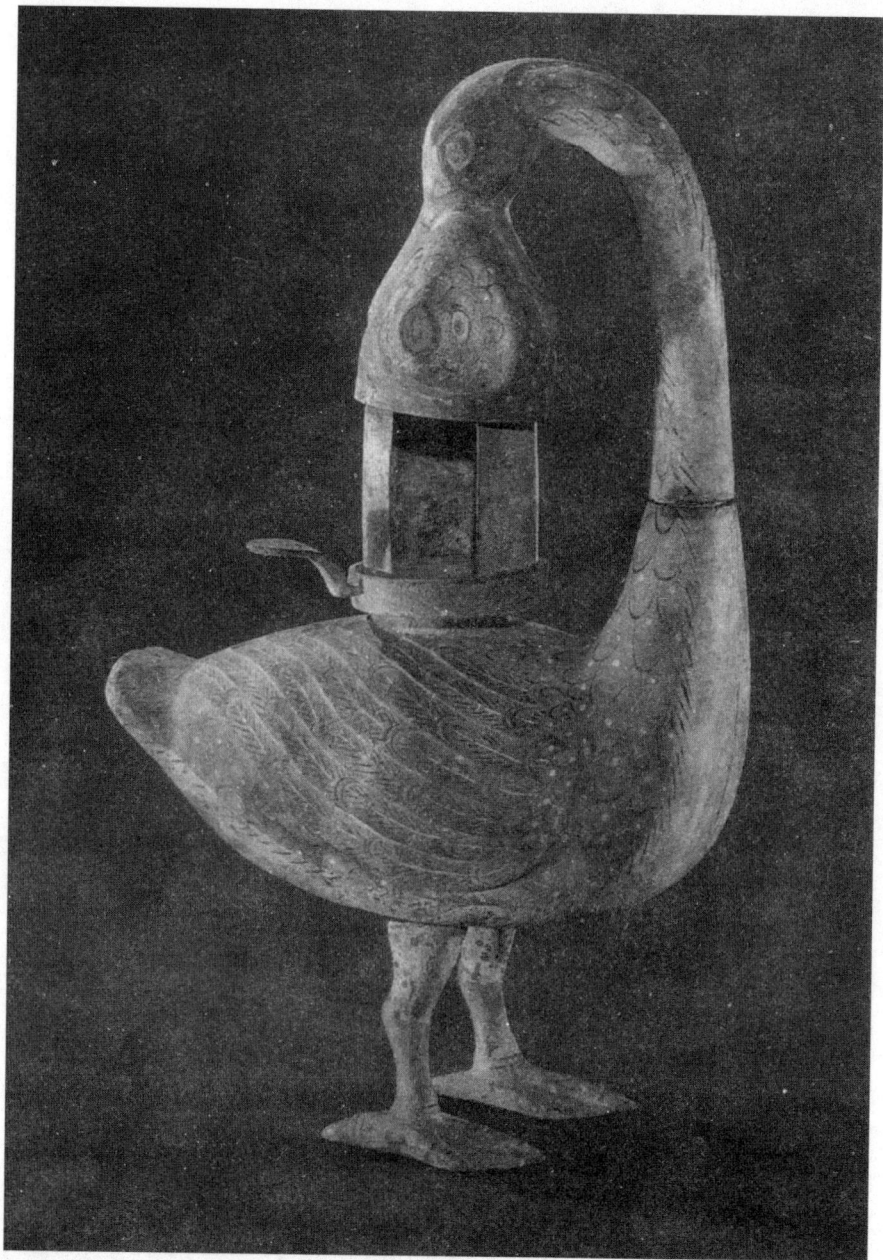

汉代雁鱼灯。灯罩为弧形屏板，上部插入鱼腹下的开口，下部插入灯盘内，可左右转动开合，任意调节光度。烟雾通过鱼和雁颈导入雁体内，以防烟雾污染。设计达到功能与形式的统一。

两汉时期，我国的灯具制造工艺有了新发展，对战国和秦的灯具既有继承，又有创新。

灯具是由烛台脱胎而来，但并未完全取代烛。我国至迟在战国时期就已经开始使用灯具照明，各地战国墓中出土了不少形状各异的灯具。秦代灯具可见一些文献记载，已出现宫灯、多枝灯等精致独特的灯具。

汉代灯具在前代基础上有了很大发展。从形式上看，除原有的座灯外，又出现了吊灯；从质地看，在陶灯、青铜灯之外新出现铁灯、玉灯和石灯，其中以青铜灯具最为多姿多彩，出土实物表明，灯的数量显著增多，这说明它的使用已经相当普及了。这一时期灯具造型丰富多彩，有塑造人物形象的"宫女"灯、"当垆"灯、"羽人"灯、"男奴"灯等；有创造动物形象的牛形灯、羊尊灯、朱雀灯、凤鸟灯、雁足灯、鹤龟灯、麒麟灯、鱼灯、龟灯、蟾蜍灯等；有模拟器物形态的豆形灯、盒形灯、卮灯、耳杯形灯、辘轳灯、三足灯等；此外，还有多枝灯、行灯等。汉代的灯具造型取材广泛，制作精良，无论是人物、

朱雀灯。灯盘、朱雀和盘龙三部分系分铸，朱雀的嘴部和足部均留有接铸痕迹。此灯造型优美，结构合理。

动物还是器物形态都栩栩如生，达到绝妙的境界。

两汉的灯具制造取得了前所未有的成就，在制造上体现了科学性和艺术性的高度统一。如满城西汉中山靖王刘胜夫妇墓出土的鎏金长信宫灯，形态为宫女跽坐持灯，通体鎏金，通高48厘米，由灯盖、烟道、炉具、灯座、灯盘和灯罩6部分分铸而成，各部分都可拆卸，整体设计合理，在采光、省油、避风、除垢等方面都是科学的，造型生动美观，达到极高的艺术水平。汉代流行多枝华灯灯具，一般为一个灯座上支撑着高低错落的几个或十几个灯盏，有的青铜多枝灯可以置上卸下，使用十分方便。多枝灯大大增加照明亮度，不仅更加适用，而且是精美的工艺品。《西京杂记》中就记载了皇后赵飞燕接受女弟合德昭仪馈赠贺礼"七枝灯"。较之前代，汉代还出现了吊灯灯具，可用于悬挂，使用起来相当方便。

总之，两汉时期的制灯工艺在前代基础上取得很大进步，已日臻纯熟，达到很高水平。

东汉

161 ～ 170A.D.

166A.D. 汉延熹九年

沛国戴异与广陵龙尚作符书，称太上皇，被杀。十二月，南匈奴、乌桓二十万口皆降。鲜卑出塞，在其首长石槐统率之下仍攻扰不已。是岁，马融死。

司隶校尉李膺、太尉陈蕃与太学生郭泰、贾彪等共论时政，品藻人物，藉以抨击宦官专权，时称"清议"，得到京师太学生及郡国学生的支持。宦官诬之为交结学生，共为部党。桓帝命京师及郡国逮捕"党人"二百余名下狱。

襄楷上《太平清领书》。

大秦国王安东尼使者至中国。

167A.D. 汉延熹十年 永康元年

十二月，桓帝死，皇太后窦氏策迎刘宏嗣位，是为孝灵皇帝，皇太后临朝称制。

168A.D. 汉孝灵皇帝刘宏建宁元年

九月，中常侍曹节等矫诏杀太傅陈蕃、大将军窦武等五人，皆夷族，迁皇太后窦氏于南宫。

张角开始利用《太平经》传播太平道。

古诗十九首产生于桓灵之际。

169A.D. 汉建宁二年

灵帝在宦官挟持下命捕杀李膺、杜密、范滂等百余人。天下豪杰及儒学行义之士，均被宦官集团指为党人，死、禁、废者达六七百人，是为第二次党锢之祸。

170A.D. 汉建宁三年

政论家崔寔约卒于是年，崔著有政论（辑本），抨击汉末"政令垢玩"，"风俗雕敝"。

据是年及延熹三年（160）墓葬字砖，行书已流行，真书（楷书）亦已出现。

161A.D.

三月，皇帝安敦尼纳斯·派阿斯死，其婿马克·奥勒略即位（161 ～ 180）。马克略在位时，罗马帝国情况急剧恶化。

166A.D.

东征士兵自近东将疫带回罗马，死亡极多（166 ～ 167）。多瑙河上游马克曼尼人自波希米亚渡河侵入罗马帝国边境，亚洲部族撒玛底人自黑海沿岸侵入罗马边境。

玛雅纪念碑开始出现。

中国罗马建立交往

166年，罗马安东尼朝皇帝马可·奥理略（161－180）派遣使者自埃及出发经由印度洋，到达汉朝统辖下的日南郡登陆，然后北赴洛阳，开创了中国、罗马两大国直接通使的纪录。《后汉书》对此事有记载，称这次使节是安敦王所派，这是罗马和中国第一次正式建立外交关系。

罗马在汉代被称为大秦，意即泰西（极西）之国，又称海西国。西汉时代，罗马帝国崛起后使地中海世界的政治形势迅速改观，新兴罗马帝国占领了叙利亚和埃及，根据2世纪罗马史家佛罗勒斯写的《史记》，可知奥古斯都时远到赛里斯人和地处太阳直照下的印度人，都派使者到罗马订结盟约，可见罗马在当时所处的地位很高。

自奥古斯都时代起，罗马为了开展对印贸易，取得中国的生丝和丝布，积极发展红海航运。

公元1世纪到2世纪，沿着丝绸之路，自东而西出现了汉帝国、大月氏、贵霜、安息和罗马五个大国。88年，西域长史班超在和莎车的匈奴势力角逐时，曾和已是罗马和中国贸易重要桥梁的大月氏联盟，大概从那时起中国才从官方渠道正式获知罗马这个国家。

出于经济和外交上的需要，东汉王朝决意谋求和罗马的直接建交。公元97年，班超派甘英出使大秦。至安息西界于罗时，由于安息海商的婉言阻拦，没有达到寻求通往埃及亚历山大里亚海路的目的。但中国使者的到来，引起了红海彼岸的莫恰（今也门木哈）和阿杜利（今埃塞俄比亚马萨瓦港附近）与中国缔结盟约的愿望。公元100年，他们派使者到东汉首都洛阳，向汉和帝进献礼物。汉和帝厚待两国使者，赐给两国国王代表最高荣誉的紫绶金印，表示了邦交上的极大诚意。此举激励了罗马，半个世纪之后，罗马正式派使者出访中国，两大国正式建交。

罗马使者东来的航路，遵循着以南印度为枢纽的海上丝绸之路，从此，

罗马出土的汉代绢

罗马货物通过海路直运南中国的越来越多。据公元240年左右写成的《魏略》，罗马世界的物产，即亚历山大（今埃及）东方贸易的货单，可归成金属制品、珍禽异兽、珠宝、织物、玻璃、香药六大类，共83项，这些货物正是罗马世界向中国的输出物。

罗马不仅成批输送货物进中国，也大量进口中国货，主要为：衣料、皮货和铁器。

中国的衣料曾使罗马人叹为观止，后来随着丝帛从中国的源源西运，丝织品日益盛行，丝织业也大有起色，丝织衣料渐由妇女推广到男子。那不勒斯和罗马城郊的但伯河上都有丝绸商人，在罗马城内托斯加区也曾开设丝绸商场。在丝绸西运进入罗马世界第一大站的叙利亚东部沙漠的巴尔米拉，曾出土东汉时期的汉字纹绵。中国的丝绢和各色锦缎风靡罗马世界之际，高超的丝织技艺也在汉魏时代传入伊朗、叙利亚和埃及，在西汉时代已使用的提花机，一世纪初便在西顿丝织业中出现，至少在3世纪已被埃及采用。

中国的铸铁和丝绸同享盛名。罗马人首先是在和帕提亚的战争中，认识到中国钢铁的厉害。中国弓弩，像战车一样，特别吸引罗马军人，曾使罗马为之神往。

罗马奥古斯都时代的诗人和学者，常用赛里斯国来表明自己知识的广博。博物学家普林尼的著作中，中国衣料与人类潜入红海海底去取珠宝、深入地心寻找碧玉、劈山挖出大理石一样，是令人惊讶的奇事。大诗人维吉尔的困惑——中国人竟从树叶上采下纤细的"羊毛"，也是几个世纪中不知养蚕缫丝的罗马人难解之谜。14世纪中叶的罗马史家阿米安·马塞林纳在《功绩》中，则用欣羡的语气叙述中国人在优良的环境中生产丝绸。由此可以看出古罗马人对中国文化的向往态度。

而后随着阿拉伯、突厥帝国的兴起以及欧洲中世纪的到来，中西交往中断了。所以汉帝国与罗马的交往是古代世界中西交往的黄金时代，意义重大。

曹娥碑立

　　为了纪念曹娥，桓帝元嘉元年（151），上虞人民建立了曹娥碑，昭示后人。

　　曹娥是东汉孝女，因寻父不着，投曹娥江而死。其行孝之事在当地称颂一时，当地特在江边设立《曹娥碑》。曹娥碑位于会稽上虞（今属浙江），由邯郸浮撰文并书碑，隶体，是汉代名碑之一。附近有曹娥庙，号称东南第一庙。而今碑已不存。

马融去世

马融像

167 年，马融因病去世，享年 88 岁。

马融（79～167），扶风茂陵人，是东汉有名的经学家、文学家、教育家，著有《春秋三传异同说》等，是东汉最负盛名的几个经学大师之一，主治古文经，兼习今文经。他还有弟子千余人，他授徒时，帐前授生徒，帐后列女乐，开魏晋之际灭弃礼拜之先风。在文学上著有《长笛赋》等，后人辑有《马季长集》。

清议风盛·党锢祸起

汉末，士人批评时政；太学生则在太学中进行反宦官政治的组织和宣传，又从社会上吸收小所有者的子弟进入太学。一时间处士横议，激扬名声，清议之风盛行。再加上中下级官吏的声援，遂形成了小所有者反对宦官政治的高潮。宦官的反攻，一天天地凶猛，于是，党锢之祸开始。

党锢之祸，始于李膺入狱。当时有术士张成，深得桓帝及宦官信赖，他依势教子杀人，被李膺查获，正法偿命。于是天子震怒，逮捕李膺等党人二百余人，而各州郡也助纣为虐，大肆逮捕无辜，诬陷良善，淫刑滥罚。

外戚窦武和太学生为此上书皇帝，为所谓党人者讼冤。于是二百余党人遂得赦免，放归田里，禁锢终身。虽然如此，天下士大夫，都称颂党人，而污秽朝廷。

桓帝死，灵帝立，胜利的宦官，威权更大，操弄国柄，荼毒海内。其时太傅陈蕃，大将军窦武，相与计议诛杀宦官，但事机不密，反为宦官所杀。

跟着而来的是宦官对士大夫的大屠杀。建宁二年（169），大兴党狱，李膺、杜密、荀昱等人，俱被诬杀，妻子发配边疆。天下豪杰及儒学有义行者，也被宦官指为党人，六七百人因此受刑致死或免官或发配。

士大夫的灾难还没有终了。176 年，永昌太守曹鸾上书为党人讼冤，又激怒了皇上，除将曹鸾掠死于狱，又诏令州郡，更考究党人门生、故吏、父子、兄弟在位者，悉免官禁锢，爰及五属。

黄巾大暴动后，东汉政府为了对付更可怕的敌人，才下令解除党禁。

章草书法发展

东汉时期，书法家在隶书的基础上创立一种具隶书体势的草书，后代称为"章草"。章草具有很高的艺术性，它保存隶书的波磔，又不乏草书流转遒劲的意态，是我国书法史上的一朵奇葩。

章草兼具隶书和草书的风格，与今草和隶草有别。它不象今草、狂草那样上下引带。连绵不断，仍取隶书章法，字字区别，笔断意连。与汉初的隶草相比，章草更富于艺术性。隶草是汉代早期的草书，没有波磔，仅是隶书的简易、急速的写法，还不是书法艺术。从书法史的角度来看，章草正好处于西汉的隶草和东晋的今草之间，它的繁盛时期是东汉。

章草的体势沿隶书之法式，存隶之波磔，但又有流速遒媚的意态，其笔画萦

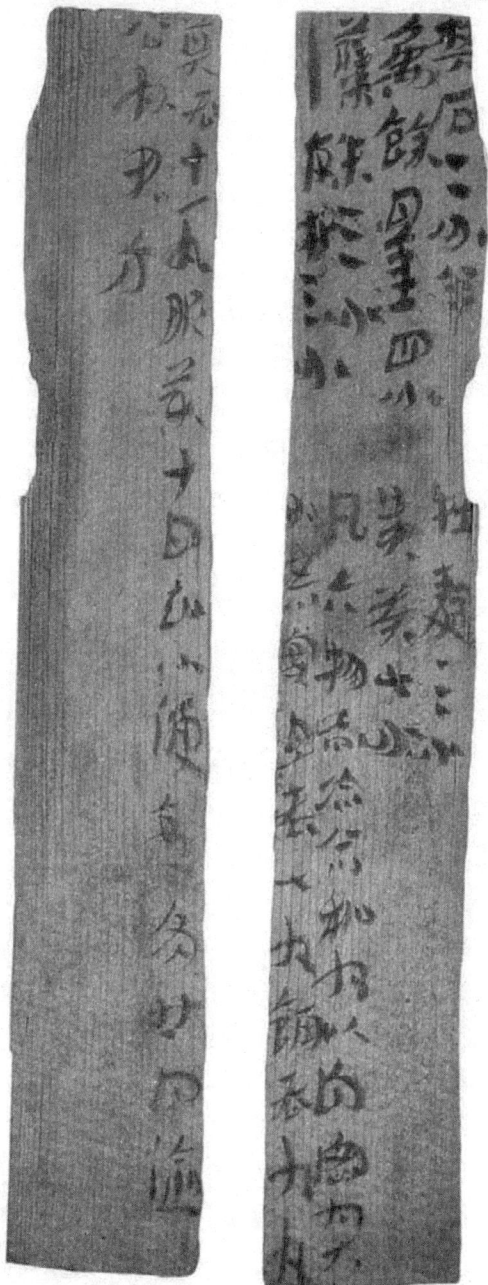

湖北出土医方针简

029

民族崛起的东汉

带之处，往往圆如转圈，把庄重矜持的隶书，变得流转活动，唐代书法理论家张怀赞美章草书"婉若回凤，攫如搏兽，迟回缤简，势欲飞透"。东汉时期章草书法家辈出，最著名的有杜度、崔瑗、崔寔和张芝。杜度，原名操，字伯度，章帝时以善章草闻名，《书断》将他的章草书列为"神品"。崔瑗（78～134），字子玉，著《草书势》，与其子崔寔曾学杜度的书法，后世称杜度与崔瑗父子"崔、度"。张芝（？～192），字伯英，酒泉人，著《八月贴》。《书断》称他为"草圣"。关于张芝创今草之说实系臆测，他写的草书是章草，《四体书势》称他的章草书"专精甚巧"。当时的书坛以杜度、崔瑗为楷模，竞相仿效，章草书一时风靡于世。

汉代章草，过去仅见于摹本和刻帖，近代汉简大量出土，从中发现不少章草书，如《急就奇觚书》、《公羊传砖》、延嘉七年《纪雨砖》等。此外，安徽亳县出土的曹氏墓碑以及其他地方出土的汉陶碎片也都有章草。可见在东汉时期民间已普遍应用章草了。

支谶译经

东汉时，佛教开始传入中土，这一时期有许多译经，译经的多是天竺和西域僧人，其中著名的月支沙门支娄迦谶（支谶），在汉灵帝（168～190）间译出佛经十四部二十七卷，向中国人介绍了印度大乘经典。

东汉后期，佛教在中国分成两支流传：一是安世高系，一是支谶系。安世高奉小乘佛经，重视禅法，译经最有影响的是《安般守意经》和《阴持入经》，分别介绍习禅方法和解释佛经名数。小乘禅法看重"四禅定"，即四静虑，规定在超脱"欲界"的基础上继续修行的四个心理发展阶段，要求修禅者进行四种观想：一是非常想，灭贪想；二是灭情感，称苦想；三是非身想，灭自主意识；四是不净想，灭色欲，合称"四意止"。而支谶奉大乘佛教，宣讲般若学，教义上大乘重在破法执，即"法无我"，小乘则重在破我执，即"人无我"；大乘要"普渡众生"，小乘则注重修行者个人解脱。大乘空宗般若学，主张运用一种特殊的智慧——般若，以便成佛，中心思想是要树立一种"假有性空"的宇宙观，觉悟万有的存在是虚幻无自性，从而看破世间一切。

支谶将大乘佛教经典翻译到中土，第一次向中国人介绍了印度大乘般若学的理论。支谶在汉桓帝末（167年前）到达洛阳，灵帝光和二年（179）译《道行般若波罗密经》（也称《小品经》），他所译经文还有《首楞严经》、《般舟三昧经》。

支谶译《道行经》受老子影响，讨论人生的根本在于使神返本真，心与道一起，从而成佛，其中"真如"译成"本无"，"真如"是佛教大乘说中关于永恒真理和绝对本体的概念，这一理论的目的是揭示世上一切事物皆为假象，在破除了视假象为真实的妄见之后，就能达到绝对本质"本无"的认识。

支谶与弟子支亮，再传弟子支谦合称"三支"，支谦译出佛经三十六部四十八卷，进一步介绍大乘般若学，开始突出"佛身"论，讲述修习成佛的过程，认为"佛国"、"净土"就在现实世界中，主要问题在于自己是否自持自净。这种思想在南、北朝十分流行，对于禅学的形成起到了很大影响。

支谶及其弟子将大乘般若学传入中土，受他们影响的其他僧人又与他的弟子一道将净土信仰传播开去，吸引广大人民，使西方极乐世界与现世兴修功德的净土信仰深入民间。

和林格尔汉墓壁画丰富

壁画主要画在宫殿、厅堂等贵族建筑及坟墓内，经考古发掘的墓室壁画为现存的最珍贵的汉代绘画遗产。位于内蒙古自治区和林格尔县新店子村西的东汉晚期大型砖室壁画墓，是目前发现的最重要、内容最丰富的汉墓壁画。墓中壁画总面积达百余平方米，据壁画内容及榜题文字，墓主曾被举为孝廉，再经由郎而出任西河长史，行上郡属国都尉，繁阳令，最后官至使持节护乌桓校尉。在一墓之内集中了这么丰富的画像题材，在汉墓中是仅见的，其中有些内容还是首次发现。

和林格尔汉墓壁画有46组以上。在前室四壁和中室东、南两壁及甬道北壁，以墓主仕宦经历为顺序，上部绘举孝廉至任使持节护乌桓校尉各职的车骑出行图，下部绘任西河长史至护乌桓校尉时所居的离石城府舍图，土军城府舍图，繁阳宫寺图等。其中，绘在前室至中室甬道北壁和中室东壁的宁城图，

民族崛起的东汉

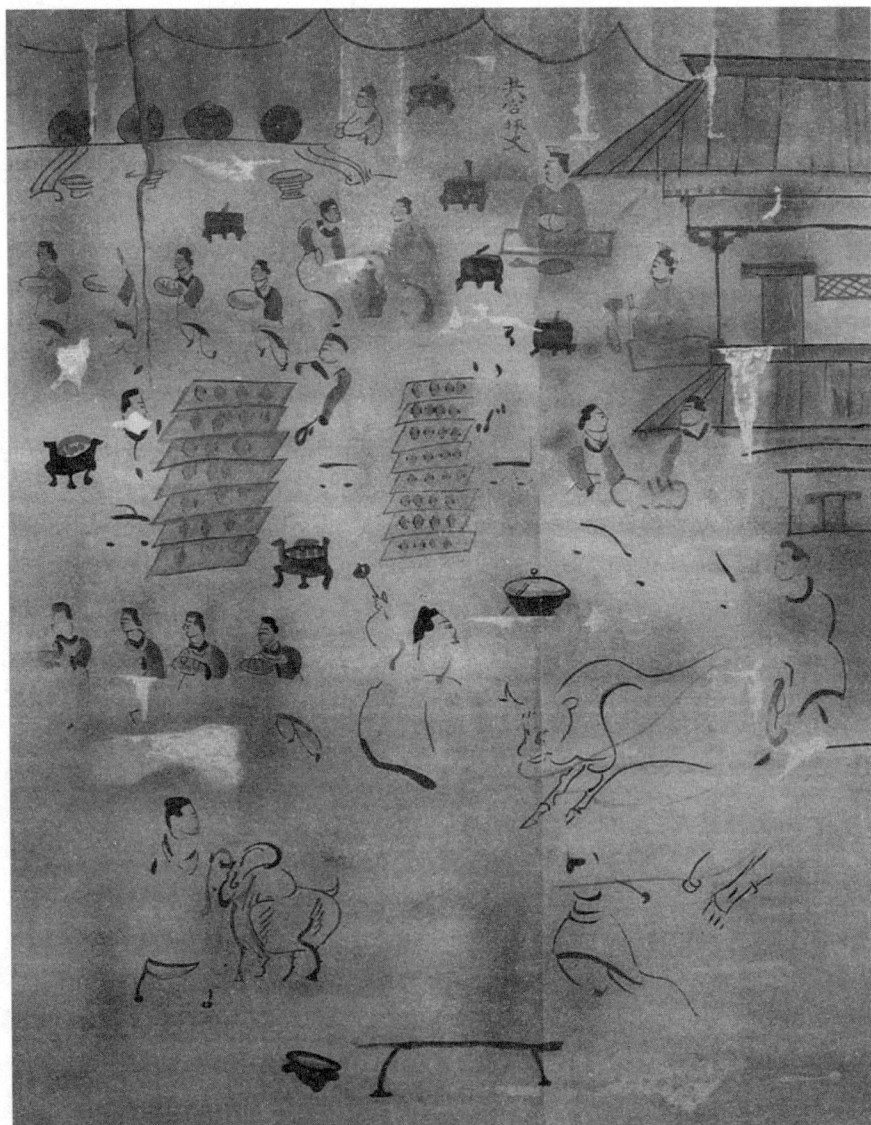

和林格尔汉墓壁画。此组壁画中，有不少乌恒、鲜卑人物形象。

生动地描绘了墓主在护乌桓校尉幕府中接见乌桓首领时的巨大场面。在后室、耳室及中室北壁，绘有表现墓主生活和财富的燕居、乐舞、宴饮、厨炊、农耕、采桑、放牧以及坞壁等画面。中室西、北两壁，绘有孔子见老子和"七女为父报仇"、二桃杀三士、丁兰孝亲等大量历史故事，还有 36 幅以上绘有麒麟、神鼎等的祥瑞图。前室和后室的顶部，绘有云气、仙人、四神等天象和神话图像，其中前室顶部的"仙人骑白象"图，有的学者认为是中国最早的佛教图像之一。各图像旁的墨书题榜近 250 条，标明了各幅壁画的内容。

和林格尔汉墓中丰富的壁画，对研究东汉晚期的庄园经济、社会生活、城市规划、意识形态以及边疆地区生产的发展，东汉王朝与乌桓等北方少数民族的关系等问题，都有重要意义。

隶书书艺集中于碑刻

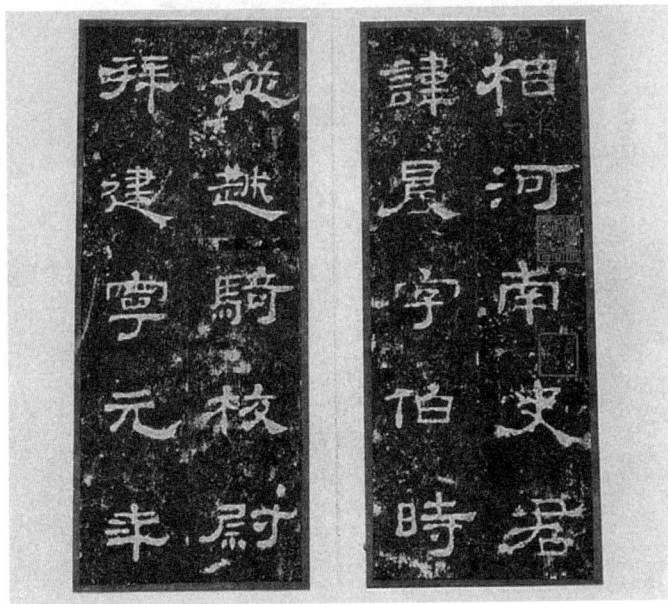

史晨碑

西岳华山庙碑

民族崛起的东汉

鄐君开通褒斜道刻石

　　隶书起源于战国时期，秦代时已普遍流行于民间，到西汉晚期已达成熟阶段，是汉代的主要字体。隶书书艺的最高成就，集中体现在东汉的碑刻中。

　　由秦到西汉初期，是隶书的"古隶"时期。古隶部分保留篆书的结构但体势已属隶书，笔画方圆相辅，疏密相成，未见明显的波磔。古隶主要集中在云梦秦简和《杨山地说》、《五凤二年刻石》和《孝禹刻石》等简书和石刻中。西汉晚期，古隶已完全过渡为成熟的隶书，体势由长方趋向宽扁，由纵势转向横势，笔画工整，波挑更为完美，点画俯仰呼应也已出现。这些成熟的隶书可以由河北定州40号汉墓的简书、敦煌西汉天凤元年的木牍等出土文物中见到。东汉的隶书发展到高峰阶段，在波挑中充分发挥笔毫的变化，

民族崛起的东汉

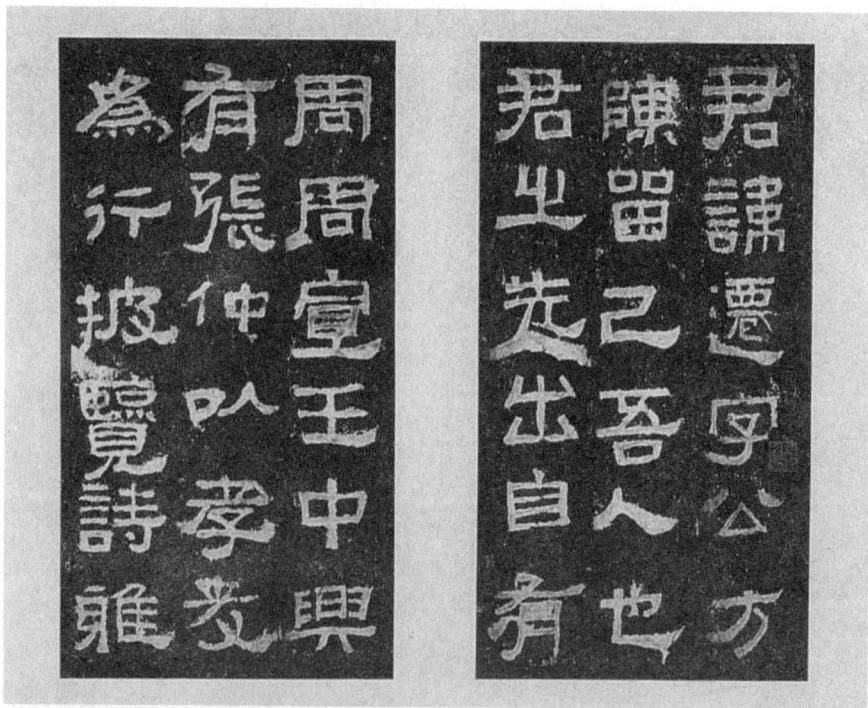

张迁碑

曹全碑

提按顿挫，起笔收笔，回锋出毫，表现出蚕头雁尾的形态；结构上疏密的变化，点画的呼应，呈现出隶书复杂多变的姿致，风格也更为多样。

东汉盛行立碑刻石的风气，墓碑、石阙大行其道。因墓碑、石阙讲究造型，所以作为碑身重要部分的碑文，也特别讲究书法的艺术性。因此，碑刻隶书集中体现了隶书的最高成就。

流传至今的汉代碑刻有数百

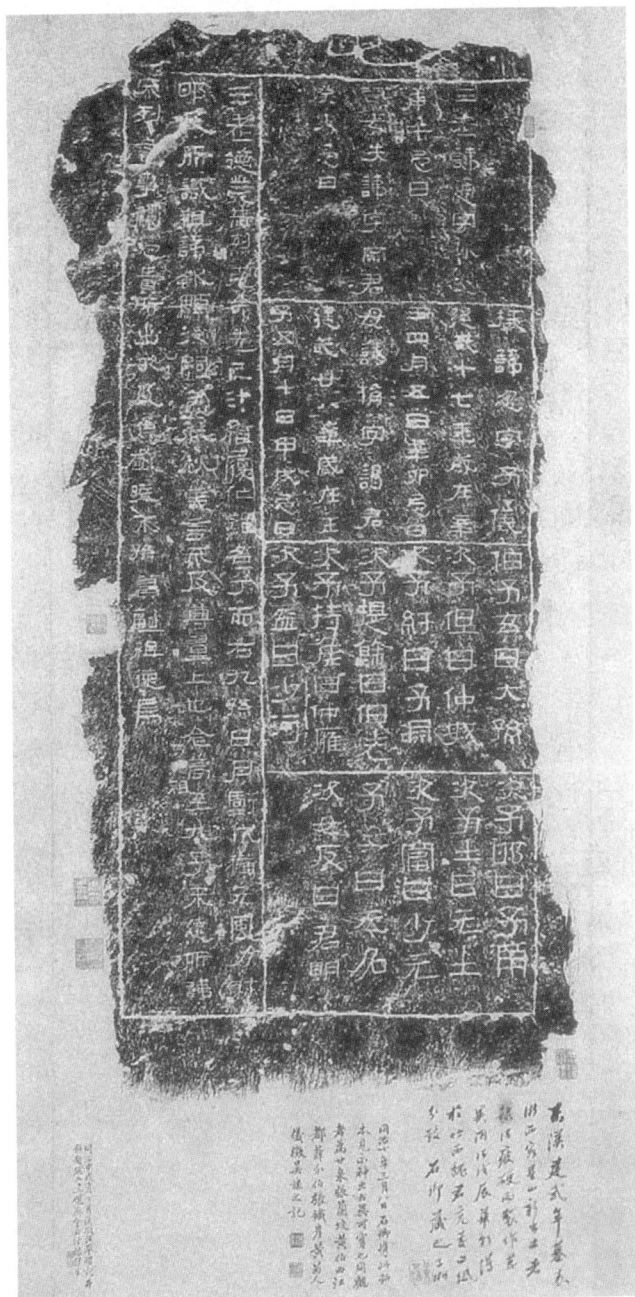

三老讳字忌日记

种，大体可以分作两类。一类是字形比较方整，而法度严谨，波磔分明；另一类书写比较随意自然，法度不严，有放纵自然的意趣。

第一类又可分两种风格：一是倾向端庄秀丽的风格，刻得比较细腻，笔毫效果较明显，笔画波磔分明。结体方正，笔画顿挫有致。如《史晨碑》字体工整，风格浑厚典雅。《张景碑》书体宽扁，风格秀雅。《华山碑》点画俯仰有致，风格典雅华美。属这种风格的代表碑刻还有《礼器碑》、《乙瑛碑》、《太室石阙铭》、《武梁祠画像题字》等等，多趋于端庄，另同属这种风格的《曹全碑》、《孔彪碑》、《刘熊碑》、《元孙等字残碑》，则较为秀丽。第二种风格是倾向古朴雄强的。它刀刻效果较明显，笔画呈现方棱，转折崭齐，结体方正。有代表性的碑刻有《鲜于璜碑》、《张迁碑》、《幽州书佐秦君阙》、《景君碑》、《衡方碑》、《西狭颂》、《张寿碑》等等。《鲜于璜碑》气势雄强，严谨中又有自然的姿致；《张迁碑》有骄横不可一世的气概；《景君碑》笔画平直方硬，直笔下垂如悬针；《张寿碑》遒劲方整；《衡方碑》肥厚古拙；各碑各有千秋。

第二类是书和刻都比较随意，流露出自然趣味的。它或是由于书写草率随便，以致字形大小参差不一；或是由于写在崖壁上，为不平整的石面限制，依石而书，有自然不拘的效果。此类的代表碑刻有《三老忌日碑》、《仓颉庙碑侧》、《礼器碑两侧》、《阳三老刻石》、《永元刻石》、《冯君神道阙》、《石门颂》、《杨淮表纪》等等。

隶书发展到东汉晚年，由于过分讲求装饰性，挑脚都成方棱形状，波势矫揉造作，结构板滞，缺乏生气，开始走下坡路。这在碑碣上表现尤为明显。到魏晋以后，楷书兴起，隶书衰落，被楷书取而代之。

东汉

172A.D. 汉建宁五年 熹平元年

七月，以朱雀阙匿名书讥刺宦官、公卿，司隶校尉刘猛逐捕不力，以段颎代之；捕系太学生千余人。十一月，会稽人许生起义，称阳明皇帝。

175A.D. 汉熹平四年

三月，诏诸儒正五经文字，命蔡邕以古文、篆、隶三体书之，刻石立于太学门外，是为熹平石经。钩党狱起，制昏姻之家及两州人士不得对相监临，是为三互法。

176A.D. 汉熹平五年

五月，永昌太守曹鸾为请开党禁，掠死。于是诏州郡更考党人，门生、故吏、父子、兄弟在位者皆免官禁，爰及五属。

177A.D. 汉熹平六年

是岁，司徒杨赐等请捕治太平道首领张角等，未行。

179A.D. 汉光和二年

四月，诏诸党人禁锢者，小功以下皆免。十月，司徒刘郃等谋诛宦官，事泄，下狱死。

佛经翻译家支谶（即支娄迦）桓帝末至洛阳，至是与竺佛朔（一作朔佛）译出《般若道行经》、《般舟三昧经》、《首楞严经》等，共十四部二十七卷。支谶，月支国人。是在中国第一个译传大乘佛教般若学理论的僧人。

171A.D.

马格尼西亚的保塞尼西斯发表《地理》志及希腊及其艺术指南。

托勒密绘制各国地图。

180A.D.

三月，皇帝马克奥勒略死，子科摩达斯嗣位（在位年代180～192）。科摩达斯荒淫无度，国人愤怨，罗马又乱。

段颎收捕太学生

建宁五年（172），有人匿名于北宫朱雀阙书文讽讥曹节、王甫幽杀太后，云"天下大乱，公卿皆尸禄"。皇上下诏司隶校尉刘猛案查，刘猛认为诽书言直，不肯从命，被免官。于是改由御史中丞段追颎捕太学生，前后共收系太学生有千余人。防民之口，甚于防川。汉政府对正直谏议者严加打击，企图粉饰天下太平，这正说明汉政府无法知政事得失，政权已危机内伏。

熹平石经立成

汉朝博士传经，各依家法师法，章句互有异同，再加以年深月久，辗转传抄，文字多讹，引起各家在文字上的歧异和争吵。熹平四年（175），郎中蔡邕和杨赐等人上书：奏求正六经文字，得汉灵帝允许，遂将儒家经典刻于石上。

熹平石经亦称汉石经或一字石经。由蔡邕等参校各家诸体文字的经书，用朱笔以隶书体，将《鲁诗》、《尚书》、《仪礼》、

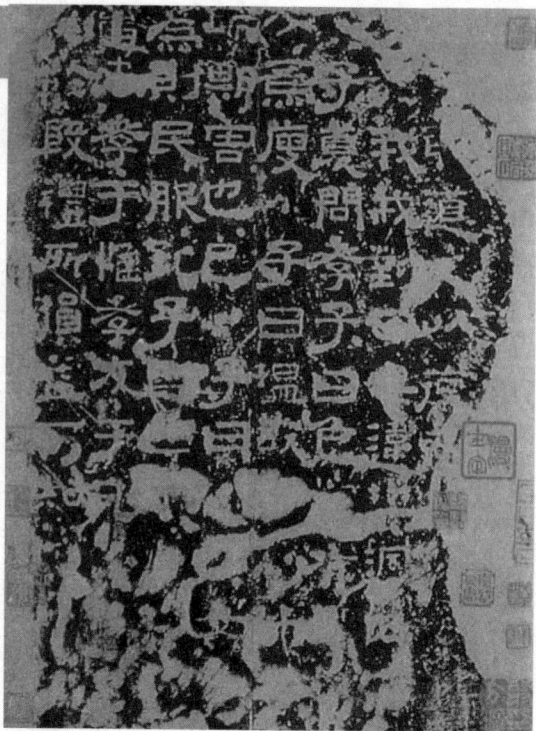
熹平石经

《周易》、《春秋》五经和《公羊》、《论语》两传写于46块石碑上，经工匠雕刻，树立于太学门外，成为我国最早的官定儒家经本。后人称之为熹平石经。因经文全部用隶书体书写，又称为一字石经。官立石经有极高的权威性，一时每天前往观看和摹写者将街巷都塞满，各家对文字的争吵也平息。"熹平石经"对统一书籍文字和思想有重要意义。而在摹写过程中，诱发起以后的捶拓复制、雕版印刷。南北朝至隋唐时期，石经曾几次搬迁，损耗殆尽。

宋代以来在东汉太学遗址屡有残石出土。近人马衡汇集为《汉石经集存》一书。

西邸卖官

东汉属吏壁画

041

东汉末年，国家财政枯竭，公开标价卖官。其中以汉灵帝在西邸公开标价，出售各级官职之事较为著名。

延熹四年（161），汉桓帝出卖关内侯、虎贲等各等级官职。光和元年（178），汉灵帝开西邸卖官，自公、卿、州、郡主佐史长吏，均以官职高低、利禄多少而相应定价。又视求官者身份、德行及财产状况，随时加减议价。其富有者先交钱，贫穷者到官后加倍缴纳。

卖官鬻爵，使社会风气败坏，贪官污吏横行，政治日益腐朽黑暗。

《乾象历》造成

《乾象历》为东汉灵帝光和年间刘洪创制。这是第一部传世的引进月行迟疾的历法。乾象历第一次把回归年的尾数降到 1/4 以下，成为 365.2462 日，并且确定了黄白交角和月球在一个近地月内每日实行度数，使朔望和日月食的计算都前进了一大步。它所测定的五星会合周期也比当时施行的四分历准确。可惜，这样一部具有划时代意义的优秀历法，却未被东汉中央政府所接受。

宦官与士大夫诛杀异己

党锢之祸进一步激化，导致宦官与士大夫互相诛杀异己。但结果是宦官诛杀士大夫，宦官势力更加强盛。

太傅陈蕃与大将军窦武同心协力，调理朝政。168 年，他们决定诛杀中常侍曹节、王甫等人，但不幸走漏消息。9 月，皇帝拔剑踊跃，关闭各个禁门，释王甫为黄门令，先杀了山冰和尹勋等人。窦武则不肯接受诏书，驰入步兵营，与窦绍共同射杀死者，并召集士兵数千人屯居都亭，令士兵尽力平叛诛杀黄门、常侍。陈蕃也率官属诸生八十多人前往救援，并与王甫接仗。王甫抓获陈蕃当日即使人将他杀死。王甫还捏造诏书令中郎将张奂讨伐窦武，得胜而归。窦武、窦绍被迫自杀。同时，收捕宗亲宾客姻属，全部处以死刑。其他门生故吏及一些被怀疑为与陈蕃、窦武同盟者，大多遭到家族被诛的惨局。

何休注《公羊传》

何休像

汉光和五年（182），何休去世，享年 53 岁。

何休（129 ~ 182），任城樊县（今山东济南东北）人。曾应太傅陈蕃所请，参与政事。及陈蕃谋诛宦官事败，遭禁锢。党禁被解后，历任议郎、谏议大夫。

他是东汉今文经学大师，撰《春秋公羊解诂》，历时十七年，为《公羊传》制定义例，阐述《春秋》微言大义，成为今文经学家议政的主要依据。郑玄曾与何休互相驳难，他们之间的争论，成为今古文经学论争的重要回合。

中国最早的文艺专科大学创立

东汉灵帝光和元年（178）2 月，最早的文艺专科大学——鸿都门学创立。校址设在洛阳鸿都门。

鸿都门学是宦官派为了培养拥护自己的知识分子而与士族势力占据地盘的太学相抗衡的产物。宦官派借汉灵帝酷爱辞、赋、书、画的缘由，办了这所新型的学校。鸿都门学所招收的学生和教学内容都与太学相反。学生多由州、郡三公择优选送，多数是士族看不起的社会地位不高的平民子弟。学校开设辞赋、小说、尺牍、字画等课程，打破了专习儒家经典的惯例，宦官派对鸿都门学的学生十分优待，学生毕业后，多给予高官厚禄。鸿都门学一时非常兴盛，学生多达千人。这些学生后来有些出为刺史、太守，入为尚书、侍中，还有的封侯赐爵，使平民子弟得到施展才能的机会。

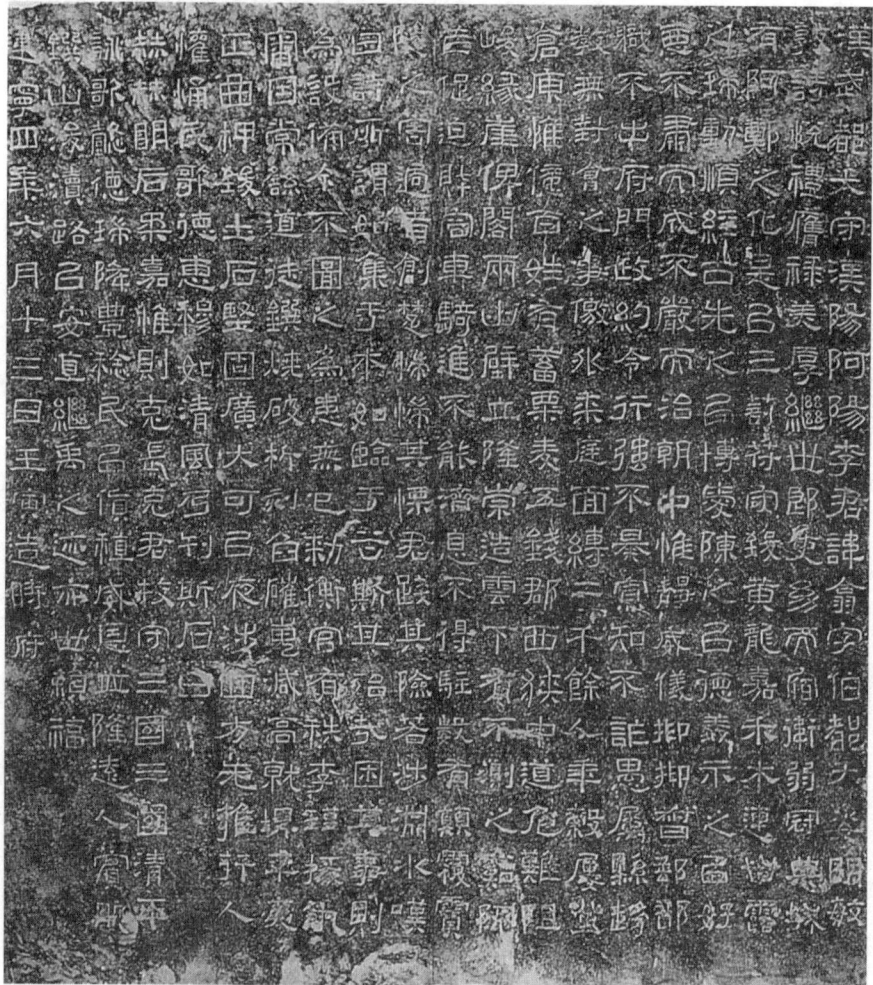

民族崛起的东汉

西狭颂

鸿都门学在"独尊儒术"的汉代，改变以儒家经学为唯一教育内容的旧观念，提倡对文学艺术的研究，是教育界的一大贡献。它招收平民子弟入学，突破贵族、地主阶级对学校的垄断，使平民得到施展才能的机会，也是有进步意义的。鸿都门学的出现，为后来特别是唐代的科举和设立各种专科学校开辟了道路。从东汉到明、清，我国曾设立过律学、医学、武学、阴阳学、算学、书学、画学、玄学、音乐学校、工艺学校等专科学校，对封建文化的继承和发展，起到不可估量的作用。

太平道兴盛

东汉中叶以后，封建王朝横征暴敛，加以水旱频繁，疫病流行，农民苦不堪言。汉灵帝熹平年间（172 ～ 178）出现的太平道，通过布施符水为人治病，又宣扬反对剥削敛财的主张，因而受到百姓信奉，兴盛一时。

太平道创始人张角（? ～ 184），巨鹿（今河北宁晋）人，读书未成，相信黄老学说，也懂得医道，他一边用

汉代铜羽人。反映"羽化登仙"的思想。

飞升图。道教徒追求的最高境界是飞升成仙，图为清代气功著作《性命圭旨》中的飞升图。

符水治病救人，一边依据《太平经》，设坛立教，自称大贤良师，以解救百姓痛苦，百姓来求助者络绎不绝。张角与弟弟张宝、张梁同在河北一带，一边治病，一边传教，又派出弟子周游四方，传播太平道。十余年间，徒众达到数十万人，遍及青、徐、幽、冀、荆、扬、兖、预八州，其教区组织分为三十六方，每方各有渠帅统率。此时，太平道影响几乎周遍天下，势力也发展到了顶峰。

在思想上，太平道沿袭了《太平经》并有所改造。张角在读过《太平经》之后，保存了其道教神学和道术的形式和内容，如其天、地、人和五行观念，道、德、仁的"三统三纲"思想等等，但《太平经》重在对社会进行批判和改良，强调的是中和之道，主张阶级和等级之间的调和，反对犯上作乱，而太平道则主张暴力革命，以诛杀暴吏为手段，旨在推翻汉王朝的政治统治，这种基本倾向是根本不同的。

汉代铜器更富有装饰性

汉豹镇

铜鼓之王。广西北流出土的这只铜鼓，是目前世界上已知的最大铜鼓。

　　汉代是我国青铜器发展的最后一个阶段，商周时期发达的青铜铸造业，伴随着冶铁业的兴起，走向没落，成为其他金属工艺的附属品，向着更富装饰性的方向继续发展。其铸造和加工工艺也日臻完善。

　　在造型上，彻底摆脱了商周铜器的庄严、古朴、凝重的风格，向灵便、轻巧、适用发展，同时，品种繁多，用途十分广泛，汉代的青铜制品包括各种容器，烹饪器，用具，兵器，乐器，度量衡器等等，相对来说，礼器的比重大为减少，生活用品猛增。从容器的种类和器形上看，前代的许多器物已绝少生产，而出现了样式繁多的铜灯，如"高灯"，"行灯"，"雁足灯"，"鹿卢灯"

青铜奔马。甘肃武威北郊雷台的东汉古墓中发现的一件青铜奔马（又称"马超龙雀"）。它以巧妙的构思、独特的造型、优美的体态，精湛的技术而成为绝世佳品，是一件罕见的珍贵文物。马的三蹄腾空、蹄下踏一只凌云展翅的飞燕，象征着天马行空，疾驰如飞。

鎏金兽形铜砚盒

民
族
崛
起
的
东
汉

铜摇钱树

汉云南滇人贵族贮币用器。器为失蜡法铸成，人兽等均为先锋成后再安装的，工艺复杂。

等，另有制作十分精巧，形状特殊的灯具，如出土于河北省满城汉墓的"长信宫灯"、"朱雀灯"、"羊灯"、"当户灯"，广西合浦汉墓的"凤鸟灯"，甘肃武威雷台汉墓的"十二枝灯"等等，和其他许多用具一样，造型精巧别致，颇富装饰性。

其加工工艺的进步，表现在嵌错工艺和鎏金工艺的广泛应用上，前者是在铸造好的铜器表面嵌入其他材料的丝片，再用错石将其表面磨平，构成纹饰或文字，嵌入丝片包括红铜、宝石、金、银等，通过不同材质颜色的对比，

使纹饰鲜明而美丽。河北平山中山王墓出土的一对嵌红铜，错松石的方壶，嵌入的红铜丝细如毛发，图案精美绝伦，堪称代表。后者是将金粉和汞的合剂涂在青铜器表面后烘烤，使汞蒸发，金附着在铜器表面，使铜器外表色泽金光夺目，富贵华丽，且能防止它表面氧化。河北满城窦绾墓出土的"长信宫灯"就是这种工艺的杰作。

此外，镂刻工艺也被广泛应用，出土于湖南、广东、广西等地的汉代铜器上，呈现出细致、流畅的各种镂刻花纹，包括兽类、鸟类和几何图案。铜镜更是争奇斗艳，不仅造型别致，而且图案多样，花纹简洁，明丽，铭文清晰，既美观又实用，这无不说明汉代铜器更具装饰性的特点。

终结期的汉代青铜器，以其独具的风格和更富装饰性的特点，为我国青铜器制造业写下了最后的辉煌。

汉代俑像生动活泼

抚琴石俑

说唱俑（东汉）头戴巾，袒露上身，左臂扶鼓，右手举槌，左足蹬地，右足上翘，作击鼓说唱表演，神情幽默风趣。

民
族
崛
起
的
东
汉

东汉三人倒立杂技陶俑。显示出当时杂技不但讲究难度，亦有理想的整体造型构思。

抚琴石俑

　　与墓葬制度联系紧密的俑像，是两汉时期雕塑艺术中的重要门类，与秦代相比较，汉代俑像塑造了社会各阶层人物，形象生动活泼。

　　西汉早期俑像，性质与秦代兵马俑相似，多是用军阵来送葬的模拟物，在规格上则比秦俑小。因为沿袭秦俑的风格，造型比较呆板，主要是用整齐的阵列向人们展示为死者送葬的森严军阵。除此之外也有彩绘女侍俑，模制烧成陶后敷涂色彩，轮廓线条流畅优美，艺术造型超出军阵陶俑，富有生活

陶马俑

情趣，和另一类侍从木俑、舞蹈奏乐俑同样具有传神姿态。渐至东汉，这类模拟家内侍仆舞乐俑成为主流，而西汉时数量众多的兵马军阵不再出现，人物形象转为侍从乐舞和农牧耕作的农夫部曲，俑像的艺术造型也从呆板变为活泼生动。

　　汉代俑像种类众多，数量大的是陶俑，另外还有金属铸造的铜俑，和不

石雕双人像

陶兵马俑。汉高祖刘邦长陵陪葬墓出土的陶兵马俑。

同材料制成的玉俑、石俑、木俑等。

　　根据考古发现，西汉早期陶塑兵马俑现在有三处：咸阳杨家湾汉墓11个从葬坑，出土骑兵俑500多件，步兵俑1800多件，前者高86厘米左右，后者高44~48厘米；咸阳东郊狼家沟汉惠帝安陵第十一号陪葬墓的从葬沟，清理出土84件陶俑，包括武士俑和少量女侍俑，还有少量陶塑家畜；另外江苏省徐州市东南效狮子山西麓，发现三个有彩绘陶塑兵马俑的从葬坑，清理发现千多兵马俑。彩绘女侍俑最为典型的是西安姜村窦太后墓从葬坑出土的四十二件，有坐式和立式两种，形象端庄俊美。西汉前期木俑以长沙马王堆、云梦大坟头、江陵凤凰山汉墓为代表，后期木俑则以江苏连云港云台、盱眙县东阳、高邮县天山出土的为代表。

　　东汉石俑四川出土较多，陶俑则以河南、河北、四川出土的为代表，青铜雕塑东汉作品，主要以甘肃武威雷台出土的为代表。

　　其中最受人称赞的陶俑是四川成都天回山出土的说唱俑，面部充满笑意，表现出一种进入角色的得意神情，一手挟鼓，另一只手持桴配合说唱节奏下捶击打，真实地刻画了说唱者充满激情的神态和手舞足蹈的忘我境界，从中可以看出他不仅仅说书而且还在唱讲，极富戏剧性的神情，堪称写实主义杰作。

甘肃武威雷台出土的东汉铜奔马，造型分外精美，构思十分奇巧，它又被人称为马踏飞燕，全高34.5厘米，制作者运用浪漫主义手法，让一匹飞驰电掣的骏马三足腾空，另一足踩在展翅飞翔的鸟背上，从侧面看轮廓呈倒三角形，动感强烈，生动欲飞，是汉代青铜雕塑的珍品，它的出土显示了我国古代雕塑家超绝的想像力，精湛的技巧，体现了汉代豪勇进取的精神。

总之，汉代尤其是东汉俑像生动地反映了当时的社会政治经济面貌，俑像朴拙的风格，奔放的气势构成它独特的艺术魅力，在雕塑史上写下了光辉灿烂的一笔。

陶瓷业进一步发展

到了汉代，灰陶质景有很大提高，生产地区范围扩大，从中原至边疆，制陶业一片兴旺景象。这时中原一带以长安和洛阳为代表，日常生活用器除壶、罐、盘、碗之外，如奁、瓶、洗、灯、博山炉、盘口壶等，是新兴的产品，它的造型和装饰已摆脱了青铜器的影响，那些轩昂的盘口壶，浮雕着人物鸟兽和海外仙山的博山炉，浑圆端整的双系罐，各式各样的铺首、环耳

汉绿釉博山盖奁

黄釉浮雕尊。盛酒器。腹部布满浮雕神话故事，有玉兔捣药、甲胄武士、羿射太阳、牛首人身、神怪饮宴、九尾狐等。造型美观质朴，雕刻构图布局严谨，纹饰绚丽多彩，具有独特的艺术装饰情趣。

汉陶都树

等附件装饰，塑造精致的熊首或兽蹄的器足，都表现汉代风格特征。另外如广东、广西、云南等陶器，在两汉时期也有很大进步，如广东流行三个短足的陶器，有三足盘、三足罐、三足双耳壶，大方实用，另有不少相联的器物，如双联罐、四联罐、五联罐等。

汉彩绘茧形壶，形制与秦代相同，壶身满绘云气图案，如马王堆漆器上的纹饰具有共同的韵味。马王堆一号墓出土的陶薰炉，镂绘精工，富于装饰美感，盖上塑一鸟形钮。这种薰炉始于汉代，作为封建贵族们薰香之用，同时也作为随葬品。汉代灰陶随葬品，人多施加彩绘，不仅南方流行，北方也很普遍。马王堆出土的彩绘陶壶，壶身上分成大小若干区间，绘以四神和几何纹饰，笔调流畅磊落，反映了北方的艺术风格。

印纹硬陶和原始瓷器的制作技术在战国时期已达到相当的高度，但是到了战国后期，因吴越为楚国所灭，制瓷业受到严重破坏，不能维持下去，一直到秦、汉之际，原始瓷器才渐渐恢复，重新获得复兴。

汉初的原始瓷大多是鼎、壶、敦、盒之类的礼品，西汉中期发生了显著变化，仿青铜器制品已渐消失，日常生活用具占主导地位，奁、洗、盘、瓿、炉、罐，皆实用美观，纹饰也简练质美。

汉代的陶塑是一门特殊的专业，在出土的大批彩绘俑中，有立俑和骑俑，数量、体积虽不及秦兵马俑，但也可认为是汉代陶塑中的巨制。

四川出上的东汉陶俑也引人注目，不论人物或动物均极精妙，其中有如成都天回山出土的说唱俑，他那手舞足蹈和滑稽的表情，把民间艺人高度的表演技巧，塑造得可谓出神入化，成都出土的陶狗和天回山出土的火陶马是汉代动物陶塑中的代表作。

陶制铜器模型在汉代大量流行，仓、奁、井、灶，是常见的随葬品，田宅模型，包括水田、池塘、楼阁、城堡、住宅等十分丰富，且富有地方特色；北方的豪华楼阁模型，有高至四五层的，巍然矗立，气派宏伟，如河南灵宝出土的东汉绿釉陶楼底座是盘式水池，池上觯有三层楼阁，有富豪，并附以伎乐和守卫武士。南方的城堡模型，则另具特色，广州东郊出土的红陶城堡房屋，形式比较简朴，城堡里的居民平房，门窗低矮，屋旁有羊群和牧羊俑，富于南方农村生活气息。在广州沙河区的东汉墓中还出土了一件陶船，制造非常精致，是汉代南方海上交通日益发达的佐证。

沂南画像石

东汉豪富之家营造大型石墓,既是为了炫耀墓主生前的显赫地位和奢华享受,也是出于对人死后可归于仙界、再享生前欢乐的迷信。在沂南县北塞村发现的东汉墓,就是模仿活人的生活住宅而建成的,它建有前中后3个主室、4个耳室和1个侧室,各室之间有通道相连,占地近90平方米。

沂南东汉墓有大型而情节完整的画像石,不仅有神仙祥瑞,历史人物故事、奇禽异兽、打鬼等内容,还有表现墓主生荣死哀的画像,几乎容纳了汉画像石所有题材。这42块画像石上的73幅画,根据其内容和在墓室内的位置,几个主题层次分明,比较突出:

在墓门位置,墓主生前率众抗击异族的攻战图是主体,两侧门柱上的诸神图是陪衬。

在前室内,是墓主身后的哀荣画像,包括了祭祀图、大傩图,升天仙人等一系列相关画图。

在中室内,是表现墓主生前享乐和高贵地位的生活图。包括了四组出行图,以及丰收宴乐图,乐舞百戏图、马厩图等表现墓主的富贵和逸乐的画像。作为陪衬的,则是一些古代圣贤豪杰和历史传说故事图。

在后室承过梁的隔墙上,则描绘了墓主生前的晏寝起居,画面上有仆人

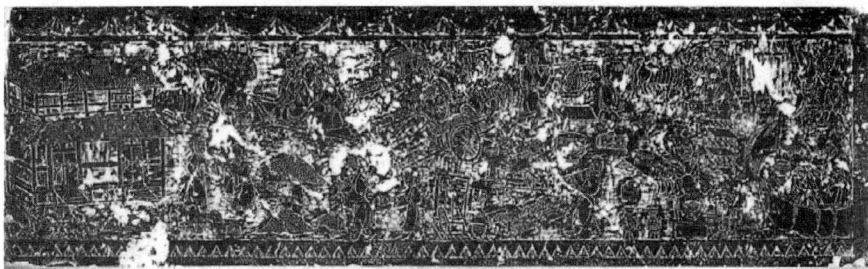

沂南收获宴享画像砖

涤器，侍女捧镜，男仆送馔，以及备马、衣履等图。还衬以打鬼的方相，奇禽异兽和各种花纹图案。

沂南东汉墓的这些画像，其雕刻手法灵活多变，其中有圆雕（八角柱斗拱旁的倒悬双龙）、浮雕（墓门上额与柱子），凸面线雕和阴线刻等。

墓门上的浮雕工艺增强了这些突出部位的立体感和雄伟气概。而墓室内壁为了保持一种平面整体感，则采用了减地极薄的凸面线刻，使整个画面线条流利，给人一种饱满的感觉。

沂南画像石尽管从总体来说并没有超出东汉那种朴拙的风格，但构图丰富完整，艺术手法自由活泼，正是东汉末年画像石极盛时期成熟的佳作，在汉代画像石中占有重要位置。

汉代玉器承前启后

中国玉器工艺水平到汉代继续有所发展。西汉初年，玉器开始有所变化，西汉中期变化更大。葬玉和随身玉制装饰物的种类增多，表面花纹从以抽象为主变成以写实为主，汉代玉器在玉器史上起着承前启后的作用。

汉初基本上仍采用战国时代冶玉技术，并在此基础上有所改进。汉代玉器中高浮雕和圆雕增多，镂孔花纹和表面细刻线纹也增加了，无论浮雕或素

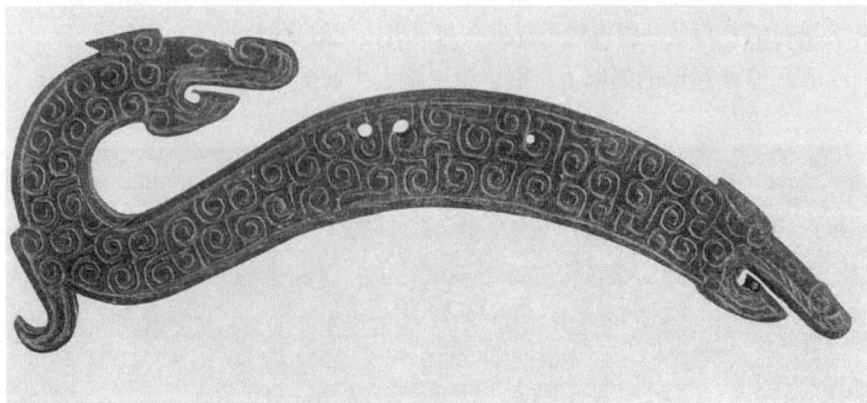

玉龙佩

汉玉人

汉青玉角形杯

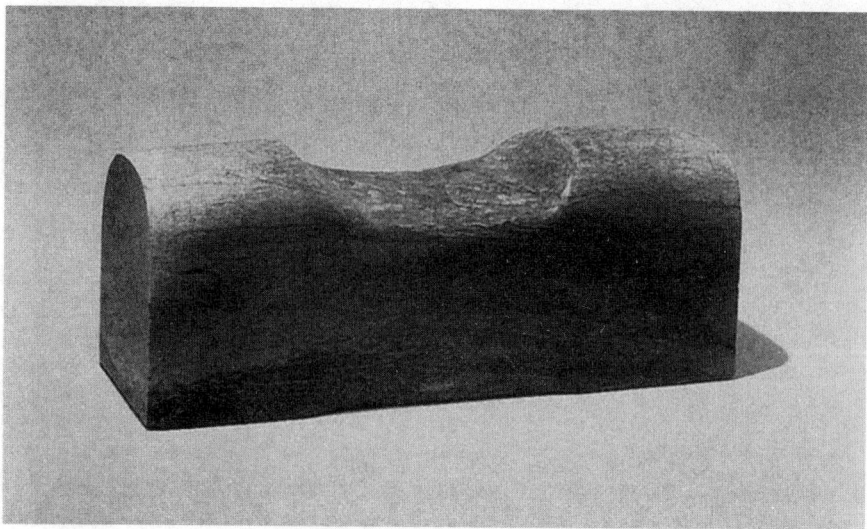

青玉枕。此玉枕象征墓主的地位、权力和富裕。

汉玉狮

面玉器，表面抛光技术都有所提高，器物轮廓线和刻纹线条流畅，光滑圆润。

　　汉代玉器所使用的材料，除了仍是利用绿色和黄褐色的玉料外，增加了大量的羊脂玉。羊脂玉为乳白色，在玉石家族中显得更高雅、莹白。汉代玉料大多是和阗输入的软玉。

　　汉代玉器使用范围也很广泛。一些玉器作为装饰品，或随身佩带，或做成实用品，比如作为附属于金属实用物上装饰品。装饰玉器最多的是佩玉。西汉墓出土有一种心形玉佩，两侧有透雕花纹，造型美观，工艺精湛。玉器还可用作礼器，这主要是璧和圭。现存汉玉中占极大比例的是葬玉，是专门为保存尸体而制造的，主要有玉衣，九窍塞，玉琀和握玉4种，满城汉墓中发现两件玉衣，由头罩、上身、袖子、手套和鞋6部分组成。每部分由两个部件组成，由许多小玉片用纤细的金缕连缀而成，因而又被称为"金缕玉衣"，除皇帝外，还可由皇帝特赐其亲王和大臣死后穿戴，一件玉衣通常需要2000

多片小玉片。在 1968～1978 年 10 年间，陆续出土 22 件，均为东汉以后的制品。魏文帝黄初三年（222）曾下诏禁用，此后才不再制造。九窍塞是用于填塞和遮盖死者的耳、目、口、鼻、肛门和生殖器等 9 个窍孔，以防体内"精气"泄漏的玉器，汉代普遍使用口含玉蝉，可能与蝉的生活史循环有关，象征变形和复活。汉代的握玉最初为璜形，后变为豚形。玉豚甚至沿用至六朝。为了起到巫术的作用，它们一般造型粗糙而刻纹简单。这些无疑反映了汉代人的生死观和宗教观，企图使死者不朽和生命循环是其突出的思想。

浮雕美术品以定县北陵关汉墓的玉屏风为代表；圆雕的玉刻，最著名的是汉昭帝陵附近发现的跃马的骑士。

玉器的花纹可分为几何纹和动物纹 2 类。几何纹以涡纹、卷云纹、谷纹和蒲纹最常见，汉代动物花纹承袭了战国时代的风格，兽形全部图案化，几乎认不出原有动物的形象，可以识别的动物纹饰有龙纹、兽纹、鸟纹（凤纹）和兽面纹，涡纹和卷云纹最为常见，卷云纹可能是由蟠螭纹图案化而来的。除图案化花纹外，写实的动物纹在汉代也增多了，即使是图案化的动物也更易于辨识。

东汉

181A.D. 汉光和四年

安息僧安玄在灵帝时至汉，是年由其口译，严浮调笔录，合作译成《法镜经》。为见于记载的最早出家为沙门的汉人（参见 75 年），亦为最早的汉人佛学著译家之一。

182A.D. 汉光和五年

是岁何休死。

184A.D. 汉光和七年 中平元年

正月，京师逮捕并屠杀张角党人千余人，令冀州缉捕张角，二月，以张角等为首之农民三十余万人大起义，皆著黄巾。卢植败张角。八月，皇甫嵩败黄巾于仓亭。十月，皇甫嵩击溃张梁于广宗，张梁被害；时张角已死，戮尸。十一月皇甫嵩击溃张宝于下曲阳，张宝被害。

185A.D. 汉中平二年

各地农民纷纷起义。

187A.D. 汉中平四年

六月，渔阳张纯、张举及乌桓大人丘力居等劫略蓟中，杀校尉、太守，举称皇帝。

188A.D. 年汉中平五年

二月，黄巾余众郭大等起义于河西白波谷。

十月，青、徐黄巾复起。

公孙瓒大破张纯于石门。

189A.D. 汉中平六年（汉弘农王刘辩光熹元年 昭宁元年）（汉孝献皇帝刘协永汉元年）

四月，灵帝死，皇子辩嗣位，皇太后何氏临朝，改元光熹。八月，中常侍张让等杀大将军何进，司隶校尉袁绍收诸宦官皆诛之。

九月，董卓入洛阳，废少帝为弘农王，立陈留王协，是为孝献皇帝，改元永汉。董卓杀何太后。

十一月，董卓为相国。东郡太守桥瑁诈为京师三公移书与州郡，宣布董卓罪恶；袁绍、曹操等被迫出走，谋声讨董卓。

190A.D. 汉孝献皇帝刘协初平元年

正月，关东州郡起兵，推袁绍为盟主，讨董卓。二月，董卓胁献帝迁都长安。

和林格尔汉墓壁画作于桓、灵时。

话说 中华文明

民族崛起的东汉

黄巾起义爆发

黄巾起义形势图

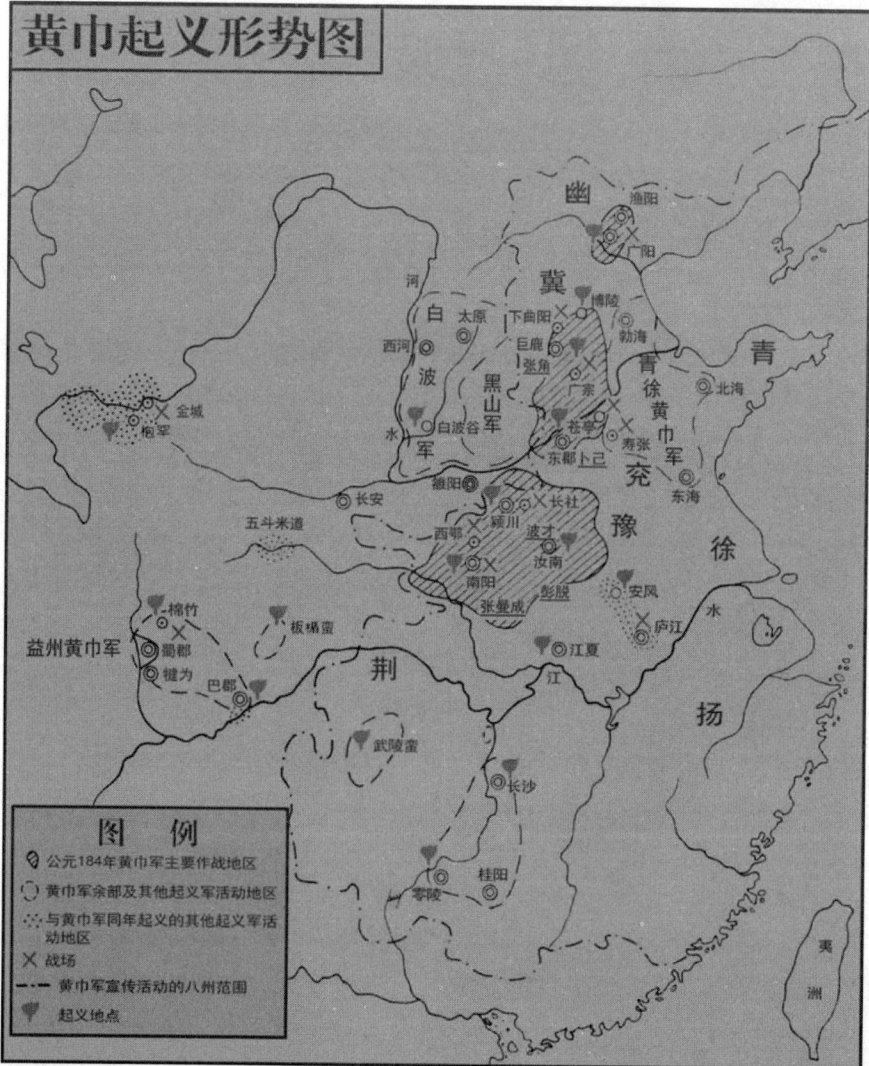

图 例

◎ 公元184年黄巾军主要作战地区
○ 黄巾军余部及其他起义军活动地区
⋯ 与黄巾军同年起义的其他起义军活动地区
✕ 战场
━·━ 黄巾军宣传活动的八州范围
▼ 起义地点

东汉后期的七八十年间，朝政腐败，社会动荡不安，各类矛盾尖锐突出，整个社会隐伏着巨大的危机。

面对贫穷饥饿和腐朽的统治，巨鹿郡（今河北宁晋西南）人张角正酝酿着一次大规模的农民起义。张角，是太平道的教主，自称"大贤良师"。他利用"符水"给人治病，吸收了很多弟子，派他们到各地去传教，十几年间，徒众发展到三十多万人，活动遍及青、徐、幽、冀、荆、扬、兖、豫等八州。为了把人们更好地组织起来，他把徒众按军事编制分为三十六方，大方有一万多人，小方六七千人，各有渠帅领导，统一归张角指挥。经过长期的部署准备之后，张角决定于184年（灵帝中平元年）即甲子年的三月五日，在全国同时起义，并提出了"苍天已死，黄天当立，岁在甲子，天下大吉"的口号。当时大方首领马元义等先收合荆（今湖南常德东北）、扬（今安徽和县）二州徒众几万人，约定在邺城（今河北临漳西南）起事。马元义又来往于京师洛阳，联合宦官封谞、徐奉等为内应，约定到时内外俱起。可是，就在预定起义的前一个月，有人向东汉政府告密，马元义被捕处死，洛阳一千多群众惨遭杀害。东汉政府又连夜下令到冀州搜捕张角，张角得到消息后，马上派人驰告各方，立即发动起义。

经过了长期酝酿准备的各地农民军，接到张角的命令后，三十六方同时起义。张角自称"天公将军"，他的弟弟张宝称"地公将军"，张梁称"人公将军"，兄弟三人为最高统帅。起义军头裹黄巾，因此被称为黄巾军。黄巾军杀官吏，烧官府，摧毁豪强地主的田庄，没收他们的土地和财物，开仓赈济贫民。一月之内，天下响应，京师震动，轰轰烈烈的黄巾军大起义就这样爆发了。

汉灵帝怙恶不悛

汉灵帝刘宏，十二岁时（168）即皇帝位。他是汉章帝的玄孙，世袭解读亭侯，即位前家境清贫，养成了他对聚敛钱财的强烈欲望。光和元年（178），他大开西邸卖官，朝中官职，按级标价，公开拍卖。为了刮钱，灵帝还规定，郡国向大司农、少府上交各种租税贡献时，都要先抽一部分交入宫中，叫做"导行钱"。所得钱皆据为己有，分存于宦官之手，每人数千万。中平二年（185），灵帝命臣下在西园造万金堂，将司农所藏财物金钱，移入堂中以为私贮。同年二月，京师洛阳发生火灾，南宫被毁，灵帝竟诏令天下，除正常租赋之外，亩税十钱助修宫室。又诏发州郡材木文石，运送京师。还规定，刺史、太守及茂才、孝廉升迁，都要交纳助军修宫钱，升授大郡的要交纳钱两三千万。新官上任前，都必须先去西园讲定钱数，届时必得交清，其中也有无法交齐而自杀的。所以新官到任，必定竞相搜刮百姓，聚敛财富以为补偿，百姓因此怨声四起。不久，灵帝又于河间郡（今河北献县东南）贱买田地，大起宇第，先后修有灵昆苑、四百尺观、玉堂殿、黄金堂。总之，为了聚敛财富，搜刮钱物，汉灵帝可谓无所不用其极。

郑玄集今古文经学大成

今文经、古文经与谶纬合流，为东汉经学的显著特点。东汉末年，郑玄囊括大典，综合百家，遍注群经，打破今古文界限，完成经学的融合与统一。

郑玄像

郑玄（127～200），字康成，北海高密（今山东高密）人。精通天文历算，因博古通今、古文经学而闻名。曾师从东汉著名经学家马融学习古文经，后来游学十多年，还乡时，跟随他的学徒已达数百人，因党锢之祸而遭囚禁后，隐居潜修经学，闭门不出。

郑玄所注经书很多，包括《周易》、《毛诗》、《仪礼》、《周礼》、《礼记》、《论语》、《孝经》，及《尚书大传》、《周易乾凿度》、《乾象历》等，完整保存到现在的有《三礼注》和《毛诗笺》，其它多亡佚。

郑玄注经，都博采今古经文，融会贯通，扫除了繁琐的气氛和阴阳五行的迷雾，从总体上把握经书的源流，辨析学术，考溯源流，花费了大量精力整理篇帙，条贯篇目，确定编排。为此，他搜求各家学说，仔细考订异同，进行归纳和判断，做了许多细致的工作。注释词义时，他广泛网罗异本，考订疑说，择善而从，补脱订讹，求同存异。他的经注尤其详尽于典章制度，名物训诂，统一了古今文经学的诸多争端。同时，开创了传注的许多体例，以"读为"、"读曰"、"读如"、"读若"、"读当如"、"读当为"等提示词语中特定的音义关系，使注释形式与内容紧密结合。这些体例的开创，成为后世图书校雠、注释的典范。郑玄所注经书，代表了汉代学术的最高成就，被称为"郑学"，对后世经学产生了极其深远的影响。

除传注外，郑玄还著有《天文七政论》、《鲁礼禘祫义》、《六艺论》、《毛诗谱》、《驳许慎五经异义》、《答临孝存周礼难》等。对天文历算，他也深有研究，提出一年四季与地在太空中的四游升降有关的观点，其元气之所本始寂然无物亦忽然而自生的观点，直接影响了魏晋玄学。

郑玄的成就还表现在统一了今古文之争，对后世经学的发展有重要意义。"郑学"注解经学，采取客观态度，兼取各家之长，不偏执己见，注意事实，以理服人。这种治学精神和方法对后学影响很大。

袁绍尽灭宦官

中平六年（189）九月，大将军何进听从中军校尉袁绍的建议，决定将横行朝廷的宦官除掉。何进先请当权的何太后罢免全部中常侍以下诸宦官职务，改以郎官补替，太后不听。袁绍又建议何进召四方猛将豪杰进京，以胁迫太后同意。何进采纳，于是召前将军董卓进京，然后何进再次入宫面见何太后，请尽诛诸宦官。中常侍张让、段珪使人偷听，全部知悉了何进的意图。于是，

张让等宦官先发制人，假传何太后诏召何进入宫，立即将其杀掉。何进部将吴匡等在宫门外闻听何进被杀，旋与虎贲中郎将袁术等斫宫门而入，又纵火烧南宫宫门。袁绍也引兵入宫，杀宦官赵忠等。张让、段珪等劫持少帝、太后及陈留王刘协仓皇出逃。袁绍便关闭宫门，大杀宦官，死者二千多人。张让、段珪不久也在河南中部掾闵贡的逼迫下，投水自尽。至此，东汉以来猖獗近百年的宦官集团遂告覆灭。

董卓专制

中平六年（189）七月，大将军何进召董卓进京诛杀宦官。八月，董卓军未至洛阳而何进已被杀，皇宫大乱，宦官张让劫持少帝出逃。董卓闻讯，乘机引军护驾，保护少帝还宫。董卓进京后，逼迫汉廷罢免司空刘弘，自为司空。九月，又胁迫何太后及朝臣废少帝，立陈留王为帝，是为献帝。废立之日，众臣都悲切惶恐，却没有人敢有所进言。董卓随后又毒杀何太后，从此便专制朝廷。十一月，董卓自称相国，带剑上殿，入朝不跪，全无做臣子的礼节。同时，董卓在京师纵兵劫掠财物，残害百姓，京师人人自危。董卓还征招名士，拉拢人才为己所用，以巩固自己地位。总之，这时的董卓虽未登帝位，却完全控制了中央大权。

曹操起兵

中平六年（189），董卓既专朝政，又拉拢士人为己所用，对在镇压黄巾军中已露锋芒的曹操较为赏识，封他为骁骑校尉。但曹操素有大志，知道董卓倒行逆施，不足以成事，便不受职，变易姓名，从小道逃归乡里。董卓大怒，行文郡县缉拿。逃跑途中曹操投宿故友吕伯奢家，其子五人依礼招待他，曹操却疑心吕家有害己之意，尽杀吕家八口而去。逃至中牟为亭长所疑，带至县府。当时捉拿曹操的公文已到中牟，功曹知道他是曹操，但考虑到乱世中不宜拘天下英雄，便请县令释放了曹操。曹操死里逃生，终至陈留（今河

南开封东南）。当年年底，曹操利用在陈留的家财和陈留人卫兹的资助，组织起一支五千人的军队，起兵讨伐董卓。

关东联兵讨董卓·董卓迁都长安

初平元年（190）正月，关东（古函谷关以东地区，古函谷关在今河南灵宝东北）各州郡牧因不满董卓专制朝政，纷纷起兵讨伐，共推勃海郡（今河北南皮东北）太守袁绍为盟主。董卓进京后任命的冀州（今河北临漳西南）牧韩馥、兖州（今山东金乡西北）刺史刘岱、豫州（今安徽亳县）刺史孔伷、陈留（今河南开封东南）太守张邈等都于此时参加讨卓。各州郡牧守均拥兵数万，盟主袁绍自号车骑将军，与河内（今河南武陟西南）太守王匡屯于河内；韩馥屯于邺城；孔伷屯于颍川（今河南禹县）。刘岱、张邈、东郡（今河南濮阳西南）太守桥瑁、山阳（今山东金乡县西北）太守袁遗、济北（今山东长清东南）相鲍信、行奋威将军曹操等屯于酸枣（今河南延津西南）；后将军袁术屯于南阳（今河南南阳）。董卓所部西北军素以善战著称，关东诸军不敢冒进，双方胶着于荥阳、河内一线。二月，董卓见关东军气势很盛，对洛阳形成威胁，决定迁都长安。迁都之前，董卓先毒杀前少帝弘农王刘辨；又因袁绍带头反对自己，大杀袁氏家族五十余人。接着董卓胁迫献帝迁都长安，并驱迫洛阳百姓数百万人同行。途中百姓遭军队抄掠践踏，加以饥饿劳累，死者不计其数。董卓又下令将洛阳的宫殿、官府、民房等全部烧毁，方圆二百里化为一片灰烬。董卓本人屯兵洛阳，与关东军相对抗。

浙江青瓷发源·中国进入瓷器发展时期

汉代陶瓷史上两项重大的成就，是发明了铅釉和烧成了成熟青瓷。浙江在东汉晚期创造性地烧成了青瓷，是一项了不起的大事，瓷器以新的姿态跃居主导地位，并以浙江作为青瓷的发源地，一直繁荣了一千八百多年，历久不衰。

东汉布纹四系罐。越窑早期青瓷产品

　　青瓷，是在原始瓷的基础上不断革新改进，由制陶匠师们辛勤劳动，付出巨大精力，终于使烧窑技术产生质的飞跃的基础上诞生的。从上虞等东汉瓷窑遗址中出土的青瓷，经科学测定，无论胎釉的化学成分、物理性能、烧成温度和吸水率、抗弯强度，都已基本符合现代瓷器标准，可以肯定我国瓷器始于东汉晚期。

　　东汉上虞所烧的青瓷，因为正处于新兴阶段，器物体制大都和东汉的原

东汉水波纹四系罐。这是我国最早的青瓷，它的胚质、釉色和烧制水平，已达到瓷器的标准。在它之前，是原始瓷阶段；在它之后，即进入瓷器发展时期。

始瓷器相似，可以看出它们之间的密切关系。那些青瓷双系罐、盘口壶、洗、盘、碗等生活用具，都是东汉所常见的东西，只是釉色比原始瓷更莹润，胎质更坚致，制作更进步。如上虞百官镇出土的水波纹四系罐，腹部浑圆，上有扁盖，肩部四横系，饰有波浪纹，浑厚朴素中又具有南方秀美的风格，全由曲线构成，柔中有刚，表现了浙江青瓷一开始就以其特有的优点，为我国制瓷工业的发展开辟了康庄大道。

东汉时期，龙窑有了很大发展，浙江上虞等地已经普遍采用这一技术。与战国相较，东汉龙窑在技术上的进步主要有二：一是窑身加长，二是窑身

坡度加大，上虞1号龙窑线长3.9米，全长估计10米左右，窑底的前段倾斜28度，后段倾斜21度，这两项技术都有利于提高窑的抽力，并提高生产量。

青瓷烧窑过程约可分为三个阶段：即氧化、还原、冷却。烧成的关键是在于控制好后两个阶段的气氛，青釉瓷以铁氧化物为着色剂，在氧化性气氛中，釉中的铁将大部分转变为Fe^{+++}，釉色显黄，在还原性气氛中，釉中的Fe^{+++}将转化为Fe^{++}；弱还原焰时，釉色青中泛黄，强还原焰时，呈较深的青色，如若气氛控制得当，便可得到纯正的淡青色。高温冷却须控制得当，如若冷却太慢，便会使铁发生二次氧化而使釉色泛黄，太快又会产生"惊风"，及至胎壁开裂，东汉晚期一些青釉瓷，不但胎质较好，而且釉色纯，无流痕，少开片，说明人们已经熟练地掌握了复杂的青瓷工艺。

《古诗十九首》与所谓苏、李酬答诗完成

《古诗十九首》是梁代萧统《文选》"杂诗"类中十九首五言诗的总称。所谓苏、李酬答诗是指托名西汉苏武，李陵相互赠答的若干首五言古诗，今存10多首，其中李陵《与苏武三首》，苏武4首，最早也见于《文选》"杂诗"类，列于《古诗十九首》之后，这是相对完整的组诗，属苏、李所作的说法，已证明不成立，但习惯上仍以"苏李诗"来称呼它们。这些诗的作者已无从考究，但因其风味大致相同，又同时出现于东汉末年桓帝、灵帝时期，因而，它们的出现被视为五言诗成熟的一个标志，五言诗从此走上了文人化道路。

在魏末晋初，流传着一大批东汉末年文人五言诗，多为抒情诗，表现手法和艺术特色比较独特，被统称为"古诗"，不是一时一人所作，这种诗歌风格被许多文人效仿，成为后世五言诗的一种典范，也是有别于两汉乐府歌辞的独立诗体，受到诗人和文论家的重视。

这批诗歌作品产生于东汉后期安、顺、桓、灵帝年间（2世纪），前后不过数十年，这时，宦官外戚勾结擅权，官僚集团垄断仕路，上层士流结党标榜，下层士子为了谋求仕进，不得不奔走道路，四处交游。他们辞别父母亲人，背井离乡，其结果是一事无成，落得满腹牢骚和乡愁，因而，《古诗十九首》正是抒写了游子矢志无成和思妇离别相思，突出地表现了当时中下层知识分

民族崛起的东汉

子的愤懑不平以至于玩世不恭、颓废享乐的思想情绪，在仕途上碰壁后产生的苦闷和厌世是游子诗中流露出的共同情绪，也是其主要思想内容。面对政治上失望以至绝望，他们的处世态度各不相同，或心灰意冷，厌世弃俗，或安贫达命，知足行乐，大都流露出各种消极心理，如达观、嬉笑、哀鸣、怨愤，甚至颓废放荡，绝无昂扬之气。至于思妇闺怨，游子乡愁，也集中于抒写个人的离别相思，渴望夫妻团聚，怨恨青春虚度，感情缠绵哀伤，蕴含了一定的时代社会政治内容，但总的倾向却格调低沉，思想内容相对狭窄。

苏李诗的内容多为赠答留别，怀人思妇，感伤人生，情调十分凄怨，与《古诗十九首》在内容和思想感情方面的风格大致相同。

由于这些诗歌的作者多为中下层文人，有较高的文化素养，继承了《诗经》、《楚辞》及汉乐歌民歌的艺术传统，融汇了各种艺术技巧，它们构思精隽，富于形象的比兴手法的运用，情景交融又平白如话，形成了曲尽衷情而委婉动人的独特风格。其中游子诗多是感兴之作，富于哲理，意蕴深长，耐人寻味，思妇诗形象鲜明，感情含蓄。形式也比较完整，表现出较高的艺术成就。标志着文人五言诗的定型和成熟，成为后世诗歌创作的光辉典范，影响十分深远。

山东汉画像石

山东自古得渔盐之利，早在战国时代就是富庶地区。到了汉代，农业生产力迅速发展。豪强地主雄厚的财力物力为汉画像石的兴盛提供了物质基础。

山东儒家传统深厚。儒家重视孝道，遂产生了以厚葬为德的社会风气；这一点恰与两汉统治阶级求长生、求升仙的思想相吻合，成为画像石兴盛的文化思想基础。

当时的鲁南，在我们今天称为济宁、枣庄、临沂的地方，修建了大量石墓、祠堂，并以昂贵的画像石来装饰墓壁、祠堂、碑阙。鲁中，今天的泰安、济南、潍坊的地区也有不少。鲁北因为较贫瘠，所以甚少有这种大型墓葬，考古上也很少在山东黄河以北找到画像石。

在山东的画像石中，最特出的内容莫过于宴乐、舞蹈场面，统治者坐而饮酒，奴隶们则或在厨中治馔、煮鳖烹鱼、割鸡宰牲；或在筵间侍侧注酒、

山东安丘画像石墓

百戏杂耍、吹竽鼓瑟、击筑弹琴、拊鼓对舞。这种豪奢场景，正和史书所载山东豪富之家膏田满野、连栋数百、奴婢千群的情形相互写照。

　　山东画像石中还有大量表现儒家伦理观念的内容，各种帝王将相，孝子烈女，圣贤高士的故事，仿佛连环画图，出现在石刻上。和其他各地一样，各种神话传说如东王公、西王母、伏羲、女娲等，和各种祥瑞如奇珍异兽也成为一大题材。另外，

山东嘉祥宋山东王公·乐舞·庖厨画像

还有少量的描绘日月星辰、山草树木等自然景物的图画和装饰图案，它们共同构成了山东画像石的丰富内容。

山东画像石在艺术风格的演变上大体可分为早晚两期。早期一般构图简单、疏朗。晚期则多用分层分格布局，将石面从上至下分为数层，每层以直线或花纹分隔，分层画面都以剪影构图表现一个主题内容，画面最多可达7层，表现了西汉以来传统画像石构图严密、布局繁缛的画风。

山东是我国画像石遗存最多的地区，其中比较著名的有孝堂山画像石、武氏祠画像石、沂南画像石以及安丘董家庄画像石等。

长安使用洒水车 20

我国古代大多建都北方，北方城市受风沙侵袭严重，在这种背景下便产

拜谒画像

东汉"长安市长"印。秦、汉时期，专设市长管理大城邑商业区。

生了洒水车。据《后汉书·张让传》载，公元186年，汉灵帝命令当时的掖庭令毕岚，设计制造了一种叫作"翻车渴乌"的洒水车。据李贤注，"翻车：设计车以引水"，"渴乌：为曲筒以气引水上也"。可见这种洒水车由两个部分组成，一个部分是贮盛河水的庤水车（翻车）；一个部分是吸取河水的抽水机（渴乌），两部分合起来成为"洒水车"。这项发明制成后，在长安街南北大道洒扫清洁路面，减轻了人民洒扫的劳累，对于净化环境、改善长安卫生状况有相当的意义。我国早在公元2世纪就已创制使用的这项先进的装置"翻车渴乌"，是世界上最早的洒水车。

田庄经济开始发展

公元前156年——公元前87年的西汉武帝时期，最初的田庄经济这种新型的农业组织形式开始出现，它是剧烈的土地兼并和集中的产物。

据《汉书·灌夫传》记载，灌夫"家累数千万，食客日数十百人，波池田园，宗族宾客，为权利横颍川"，同书《田蚡传》说田蚡"治宅甲诸第，田园极膏腴"。可见当时的田庄已经具有相当的规模。西汉末年，田庄经济已经成熟，樊重经营的农庄最具典型意义。《水经注·比水注》说他"能治田，殖至三百顷，广起庐舍，高楼连阁，波陂灌注，竹木成林，六畜放牧，鱼赢梨果，檀棘桑麻，闭门成市，兵弩器械，资至百万，其兴工造作，为无穷之功，巧不可言，富拟封君"。樊重的田庄已是一个农、林、牧、副、渔综合经营的自给自足的经济单元。

庄园农作。东汉时期农业生产的发达，主要表现在牛耕和铁制农具的普遍使用。牛井技术从中原推广到长江、珠江流域以至边疆地区。图为东汉墓的壁画摹本，描述当时庄园农作情形。

　　东汉时期，统治者对于支持他们夺取并建立政权的豪强地主一直采取优厚和宽容政策，因而为田庄经济的长足发展提供了更为优越的环境。这时的田庄都是综合经营的经济组织。如《四民月令》描述的理想化的田庄，种植的粮食作物，经济作物以及蔬菜达数十种，养有马、牛、猪、羊和鱼，还有多种多样的制造、酿造、纺织以及制药等手工业，甚至还设有小学、大学等教育机构。这时的田庄大都设有私人武装以看家护院。到东汉末年，田庄的这种军事性质被大为加强。由于社会动荡不安，田庄普遍向着武装化、堡垒化的方向发展，被称为坞壁、营垒，成为极为重要的军事力量。

　　从《四民月令》中可以看出，田庄中的生产及其其他活动的安排都井然有序，劳动根据节令进行，作物根据土质种植。田庄组织在制造和推广新式农具，增加农业投入，兴修水利工程以提高抗御自然灾害的能力方面也表现出极大的优势。比如，拥有300顷土地的樊重田庄里有一个50平方里的陂塘，可以很好地灌溉土地。近年在四川眉山和成都等地的东汉墓葬中发现的许多

陶制的水田模型多是水田与池塘相连，构成灌溉系统，说明东汉田庄的水利
事业已经相当发达。

苏北画像石

宴享画像

神鼎画像

苏北画像石主要分布在今江苏省北部的徐州、淮阴、连云港等地。题材比较丰富。有许多反映现实生活的画像石，尤其是建筑方面的如亭台、楼阁、阙门、望楼、房舍、院落、桥梁等，形象刻画极为具体，建筑中的斗拱、栏杆、柱础、台基等都表现得相当清楚真实。而且，苏北画像石对生活的表现富有情趣，如徐州双沟地区的一块牛耕画像石，图中一人举锄、一人扶犁、一个小童在后播种，远处有一人挑担送饭，田边有一辆大车，车旁卧有一犬，车上停着一只鸦雀，整块画像石犹如一幅生动的风俗图画。再如铜山地区的一块纺织画像石，图中一位织妇正转身接抱旁人送过来的婴儿，这一细节充满了浓郁的人情味与真实的生活气息。

苏北画像石和各地画像石在题材上大致相同，有表现墓主人生活的车骑出行、宴饮、庖厨、投壶、六博、狩猎、比武及乐舞百戏；有表现伏羲、女娲、东王公、西王母等神话人物和龙凤麒麟等仙禽异兽。反映历史故事的画像石则较少，仅有二桃杀三士、孔子见老子、周公辅成王等数量不多的画像。

苏北画像石的雕刻技法主要有平面阴线雕和浮雕两类，使用浮雕的画像石比较多，主要分为深浅两种。作品可分为早晚两个阶段，早期画地多不作处理，构图较古拙，雕工颇为粗糙；到了东汉，雕法比较复杂，以浮雕为主，东汉末期甚至有少量的透雕出现。

苏北画像石在写实手法的基础上，间或也表现出大胆的想像和夸张，并

兼有写意的成分在内。而且，在苏北画像石中还出现了以连环画的形式来表现故事情节的手法，颇有创造性，构成了苏北画像石独特的艺术风貌。

望都汉墓壁画显示人物画的进展

望都汉墓壁画题记

早在原始社会，就有雕刻在岩石上的线条粗犷的人物图案，这是人物画的雏形。战国楚墓出土的《人物龙凤》、《人物驭龙》帛画是已知最早的独幅人物画作品。发展到汉代，中国绘画艺术日趋成熟，人物画技巧也有进步，发掘于河北望都的东汉晚期（公元190年前后）墓室壁画，就显示了人物画的进展。

定名为望都1号汉墓的壁画保存完好。该墓有前、中、后室及耳室，壁画集中在前室四壁通往中室的甬道壁面、券顶上。壁上的画面按内容为上、下两部分，上层是25个文武官吏像，旁边的榜书标记出他们的职位。前室北壁墓门两侧为门亭长和寺门卒，分别佩剑和持仗立在门旁；其他有门下吏、辟车伍佰、门下小吏等，他们中属武官者短衣着鞋，持杖挺立，属文官者穿袍戴冠，拥笏呈躬身之状，好象是墓主的下级属官。除立像外，有主记吏、主簿两人坐在榻上，身旁置文书工具。甬道两边壁上各画一组侍从向文官跪拜像。壁画下层是9幅祥瑞图。

望都2号汉墓的形制与1号墓相同，但规模约大1倍。壁画分布在两个前室壁上，因墓壁残塌，保存的画面仅几个人物，造型及描绘风格也与1号墓壁画相同，大概同出于一种当时流行的壁画粉本。

人物画往往能直接反映社会现实、政治、哲学、宗教、道德、文艺等社会意识，从望都汉墓壁画的内容和布局意向来看，是在夸耀墓主生前的地位及包含着墓主死后升"天界"的寓意，表达了当时人们的升仙迷信意识，一种夸饰的时代风尚。

望都汉墓壁画以白为底色，物像造型以线条为主，勾勒的线条流畅而富有弹性，粗线则连勾带染，组成人物醒目的衣褶。在人物形象的处理上，采用了3/4的侧面造型，使动态与脸部神情都得到简洁而充分的表现。这种不加背景的单个人物具有肖像画的性质，较写实地刻画出不同人物的身份与形貌特点。这两墓壁画都以墨线勾勒、平涂施色的传统技法为主，兼采用渲染法以表现明暗的绘画手法，使人物形象洒脱、生动、传神，具有独特的风格，反映出当时绘画艺术已达到了新的高度，并且预示出魏晋以后人物画将有更大的进展。

191 ~ 200A.D.

东汉

民族崛起的东汉

191A.D. 汉初平二年

四月，董卓至长安。

192A.D. 汉初平三年

正月，袁述遣孙坚攻荆州刺史刘表，坚战殁。四月，司徒王允等杀董卓，夷三族；左中郎将蔡邕以附卓下狱死。六月，董卓部将李傕、郭汜等攻陷长安，杀王允等，灭其族。

194A.D. 汉兴平元年

二陶谦死，刘备代领徐州。

中国第一部佛学论著《理惑论》成书。

195A.D. 汉兴平二年

二月，李傕、郭汜互哄，催胁献帝至其营，烧宫殿，掠宫人。六月，献帝东归，杨奉、董承等从。十二月，李傕等来追，宫人、百官死者及被掠者甚多，献帝夜渡黄河，驻安邑。是岁，袁述部将孙策袭破扬州刺史刘繇，据江东。

许劭开创"月旦评"，汉末向空谈转化。

196A.D. 汉建安元年

六月，袁术攻刘备，吕布结述袭备。八月，曹操诣洛阳，迎献帝迁许。曹操募民屯田许下。

197 A.D. 汉建安二年

九月，曹操攻袁术、败之；术奔淮南。

198A.D. 汉建安三年

四月，关中兵击杀李，十月，曹操击吕布，围攻月余，十二月，布降，操杀之。文学家祢衡恃才傲物为江夏太守黄祖所杀。

199A.D. 汉建安四年

三月，袁绍破公孙瓒，杀之。六月，袁术死。刘备攻据徐州。

200A.D. 汉建安五年

正月，董承等谋诛曹操，事泄，被杀，夷三族。曹操破刘备，取徐州，备奔袁绍。孙策死，弟权嗣。十月，曹操大破袁绍于官渡。

学者应劭卒于是年前后。

193A.D.

一月，元老议会选举柏提那克斯为皇帝。三月，罗马禁卫军长官杀柏提那克斯，国内大乱。五月，塞维鲁攻入罗马。六月一日，罗马人杀朱立安那士，塞维鲁立为皇帝（在位年代 193 ~ 211 年）。

群雄划地割据

在镇压黄巾起义的过程中，州郡官吏和地方豪强都壮大了力量，他们拥有武装，发展成了半割据的势力。地方势力不可避免地走向公开的割据混战。

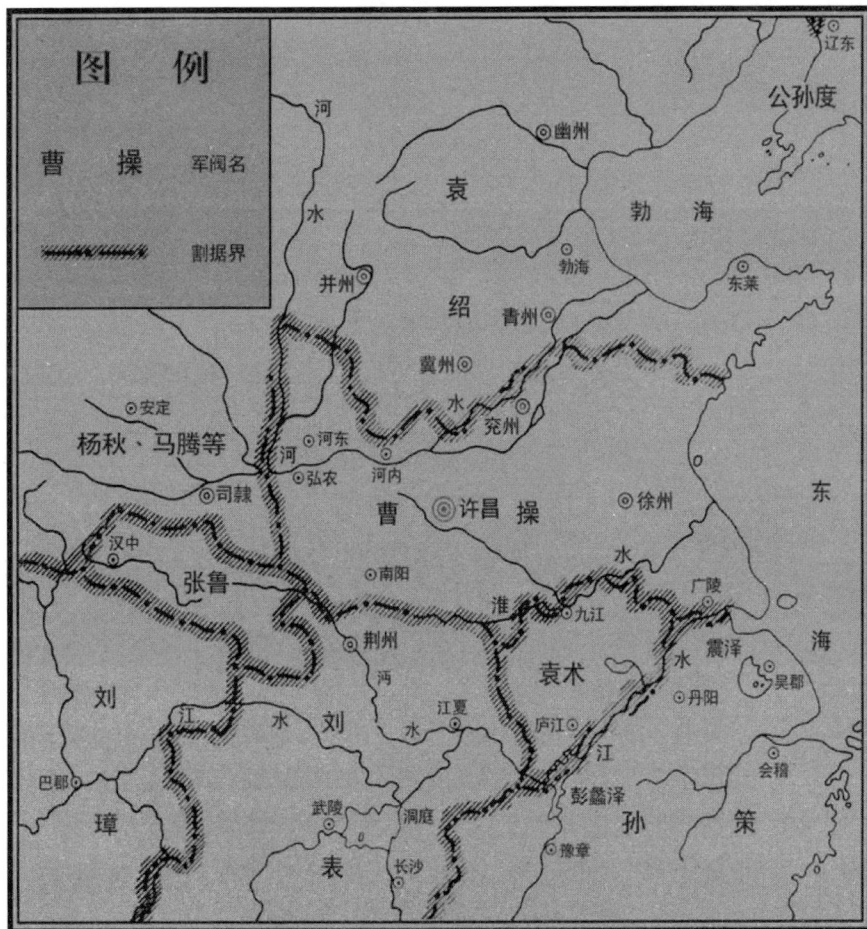

此后历经东汉统治集团中外戚、宦官的明争暗斗、董卓入朝废立皇帝专制朝政、关东各州郡牧守联兵讨伐董卓等一系列事件后，全国的形势更加混乱，各地的割据活动迅速扩大。州郡牧守各树一帜，招兵买马，彼此间或尔虞我诈，或合纵连横，弄得黄河流域战云密布，兵戎不断。

经过五六年间混战兼并、分分合合的过程后，到公元二世纪最后的一两年间，全国逐渐形成许多割据区域：袁绍占据冀、青、并三州，曹操占据兖、豫二州，公孙瓒占据幽州，刘备、吕布在陶谦之后相继占据徐州，袁术占据扬州的淮南部分，刘表占据荆州，刘焉占据益州，孙策占据江东，韩遂、马腾占据凉州，公孙度占据辽东，等等。其中势力量大的是中原地区的袁绍和曹操。

群雄划地割据局面的形成，以及彼此间接连不断的战争，给人民带来了沉重的灾难，也对社会生产力造成了空前破坏。

王允诛董卓

自中平六年八月至初平三年（192）四月，董卓废少帝、杀太后，迁都长安、杀戮大臣、残害百姓、专制朝廷、僭越不臣、祸害天下，可以说是人人欲得而诛之。初平二年，董卓被孙坚打败，退回长安，更加作威作福，他盗用天子车服，同时大封自己的宗族，又残暴好杀，部将稍有言语差失，立即处死。还以叛逆之名，大杀关中旧族。

王允本被董卓视为心腹，董卓入京后迁王允为司徒，并兼尚书令。但王允对董卓的倒行逆施早有不满，一直想诛杀董卓。董卓自知为人所怨，出入常以骁勇过人的中郎将吕布作护卫。董卓回长安后不久因事要杀掉吕布，吕布心生嫌怨，便将这件事告诉了王允。王允见时机来到，极力劝说吕布杀掉董卓，为天下除害。初平三年（192）四月，献帝有病初愈，群臣都到未央殿上朝。王允预先使尚书仆射士孙瑞写诛卓诏书交给吕布。吕布令同乡骑都尉李肃带勇士十余人扮作卫士埋伏于朝门内。董卓刚一进门，李肃便一戟将他刺倒，吕布随即将董卓刺死。董卓既死，长安兵及百姓无不兴高采烈，卫士也都高呼万岁。至此，祸害多年的董卓之乱终于结束。

曹操纵横天下

　　曹操，是沛国谯（今安徽亳县）人，早年参加镇压黄巾军，锋芒初露。董卓入京后，他辞官不受，逃到陈留，聚兵五千，参加讨伐董卓的关东联军。初平三年（192），他在济北诱降黄巾军三十余万，选其精锐，改编为自己的主要队伍，名叫青州军，从此势力大增。建安元年（196），汉献帝由长安逃回洛阳，曹操立即迎献帝、迁都许昌，取得了"挟天子以令诸侯"的地位，在政治上占据了优势。同时，曹操又开始在许县和其他一些地方募民屯田，得谷百万斛，初步解决了军粮问题，巩固了军事势力，并拥有兖州和豫州的广大地区。

曹操画像。东汉末年杰出的政治家、军事家。官渡之战，充会表现了他的才干。

　　这时，在曹操的北面是袁绍；在南面，南阳有张绣，荆州有刘表；在东南面的扬州有袁术；在东面徐州，先有吕布、后有刘备；在西面关陇地区，有韩遂、马腾等十数支割据势力。197年，曹操大败袁术于蕲县（今安徽宿县）。198年，曹操攻徐州，杀吕布。同时，曹操又打败了张绣和刘表的联军，第二

年张绣投降曹操。200年（建安五年）初，曹操又击溃了在徐州下邳（江苏邳县）刘备的势力。他还先后派钟繇、卫觊打着汉献帝的招牌到关中笼络那里的割据势力，暂时稳定了关中的形势。然后他与当时最大的割据势力袁绍在官渡（今河南中牟东北）展开了决战。在这场战争中，曹操充分发挥了他的军事才能，指挥一、二万军队大胜袁绍十万军队，从而消灭了袁绍的主力，并于次年攻占了袁绍的地盘。207年（建安十二年），曹操又率大军出卢龙塞（河北喜峰口），征蹋顿。在白狼山下的凡城（今辽宁平泉县境），曹操大破蹋顿和袁尚的联军，斩蹋顿，降服乌桓、汉人二十余万人口。至此，曹操基本上统一了北方。

蔡邕作《述行赋》

蔡邕（132～192），东汉辞赋家、散文家、书法家。字伯喈，陈留圉（今河南杞县）人。博学多识，擅长辞章，尤其精通音律。灵帝时，因弹劾宦官，被流放朔方。董卓专权时，官至左中郎将。董卓被诛，蔡邕亦被捕死于狱中。

蔡邕的辞赋以《述行赋》最为知名。桓帝延熹二年（159）秋，他被当权宦官强征赴都途中，有感于宦官擅权，大兴官苑，"人徒冻饿，不得其命者甚众"；又有感于当时朝中直言之士多遭惨死，心中愤愤不平，于是借途中所遇古迹，

蔡邕像

陈古刺今，写下这篇《述行赋》，抒发对民众苦难的同情和对仁人志士被压抑的愤慨。此赋是汉赋中抒情小赋的优秀之作。赋中"穷变巧于台榭，民露处而寝湿。请嘉谷于禽兽兮，下糠秕而无粒"等句所表现的对人民疾苦的同情，在浮夸漪靡、歌功颂德的汉赋中，更是鲜见。

蔡邕著诗、赋、碑、诔、铭共 104 篇。他的散文以碑志为多，以《郭林宗碑》最有名。字句典雅，音节协谐，多用偶句，体现了汉末文风的转变。另有文字学著作《独断》，书法有"熹平石经"。擅长隶书，始创"飞白"书。音乐则有著名的蔡氏五弄，"游春"、"渌水"、"幽思"、"坐愁"、"秋思"。而我国早期最丰富的琴学专著《琴操》，亦传为蔡邕所撰。

初平三年（192）四月，王允使吕布杀董卓。蔡邕难忘董卓的知遇之恩，在王允主持的会议上对董卓之死表示悲痛，被王允指责为"天诛有罪而反相伤痛"，是国贼董卓的死党，随即收捕下狱。蔡邕陈辞谢罪，请求免死，愿黥首刖足，在狱中继续汉史的编修工作。太尉马日碑和许多士大夫为蔡邕求情，指出蔡邕是旷世奇才，素以忠孝著称，不能随便处死，应让他续修汉史，完成一代大典。王允认为当初汉武帝不杀司马迁，致使司马迁作《史记》流传后世，其中多有对皇帝不敬之辞，现在决不能让蔡邕执笔修史，使他能再作谤书，坚持要杀他。蔡邕闻讯，在狱中自杀，时年六十。

李郭兴乱

初平三年（192）五月，董卓被诛之后，其部将李傕、郭汜、张济、樊稠等人忧惧不安，遣使至长安乞求赦免。当时王允执掌朝政，不同意赦免他们。讨虏校尉贾诩劝李傕等攻取长安，以免坐以待毙。李傕等深以为然，于是立即带兵西进，沿途收兵至十多万。六月，围攻长安，吕布部下叛变，引李傕军入城。吕布与李傕在城中接战不利，吕布派数百骑接王允出逃，王允不肯去，吕布突围而走。李傕、郭汜等驻军于皇宫南宫门外，杀太仆鲁馗、大鸿胪周奂、城门校尉崔烈、越骑校尉王颀等，又纵兵杀掠，官民百姓死者万余人。当时王允扶献帝上长安城宣平门避兵，李傕等屯兵于门前，威逼献帝交出王允。王允于是自下城楼，被李傕诛杀。九月，李傕自称车骑将军、领司隶校尉、假节，郭汜自称后将军，樊稠自称右将军，三人共执朝政。然而这种局面并未维持多久，各方因互相猜忌，矛盾渐起。兴平二年（195）初，先是李傕刺杀樊稠，接着李傕、郭汜起兵相攻。李郭之间的争斗持续达半年之久，他们一个劫持献帝，一个劫持大臣，烧宫殿，抢御府，连月攻打，死者数以万计，长安百姓更是大受其祸。直到献帝派人多次劝和、李郭两人也各以女为质，这场动乱才告结束。

刘备占据徐州

兴平元年（194），徐州刺史陶谦病重，嘱其别驾（官名）糜竺迎接刘备继任徐州牧。此前，陶谦因曹操进攻徐州，情势危急，求救于平原相刘备，刘备率兵数千人往助陶谦。陶谦给刘备加兵四千，使他屯军于小沛，并表封刘备为豫州刺史。

开始时刘备还不敢受命，请求改迎袁术。典农校尉陈登和北海相名士孔融认为袁术不是治乱之人，极力劝刘备接受。于是刘

汉"传舍之印"

备出任徐州牧，得据徐州。刘备由小沛移屯下邳。于是，下邳成为徐州统治中心。刘备占有徐州后，第一次获得了一块立足之地，自己的军事实力也因此而有所扩充。

孙策入主江东

　　孙策,孙坚之子,在其父孙坚战死后的第三年(194),辞母从军,投奔袁术。袁术将孙坚旧部千余人交由孙策统领。不久,孙策脱离袁术控制,率数千将士东征西讨,着意经营江东。建安四年(199),孙策用计使庐江太守刘勋攻打海昏(今江西永修)的宗帅,自己则与江夏太守周瑜率兵二万乘机突袭刘勋的根据地皖城(今安徽潜山县北),俘获刘勋、袁术家眷及兵将十三万余人。刘勋回军至彭泽,又被孙策的堂兄孙贲、孙辅截击,败逃流沂(今浙江建德一带),孙策乘势猛攻,刘勋大败,北逃投奔曹操。随后,孙策率军进攻荆州(今湖北襄樊),大破刘表军。又旋即南进豫章郡(今属江西),驻军于椒丘(今江西新建东北),派遣功曹虞翻劝说豫章太守华歆投降。于是,孙策分豫章郡置庐陵郡(今江西吉水东北),以孙贲为豫章太守,孙辅为庐陵太守,然后继续进攻吴郡(今江苏苏州)。孙策先攻破邹伦等部,随之又大破严白虎,杀吴郡太守许贡。至此,扬州六郡中丹杨(今安徽宣城)、会稽(今浙江绍兴)、吴郡、庐江、豫章等五郡均为孙策所有。江东基本被孙策占据。由此,孙策得以入主江东,为随后与魏、蜀鼎足而打下了坚实基础。

关羽奔刘备

　　建安五年(200)正月,曹操猛攻据守徐州的刘备,大破刘备军,刘备逃奔袁绍,而他的大将关羽却被曹军俘获。曹操对关羽优礼有加,想使他归附自己,但关羽并无留意。曹操便派张辽探询关羽的打算,关羽表白道,他深受刘备知遇之恩,并发誓以死相报,因此决不会背叛刘备。至于曹操对他的厚待,关羽表示可以立即出战立功作为报答。当年四月,袁绍派大将颜良攻曹操军于白马(今河南滑县东北),曹操派大将张辽和关羽一道反击。关羽

汉代驿亭（即兰亭），汉代在此设驿亭，由此得名兰亭，是汉代遗留的最早驿亭遗迹。

望见颜良的麾盖，便策马冲向敌军，于万军之中斩颜良首级而还，敌军惊退，白马之围遂被解除。关羽斩颜良之后，上书曹操告辞，自己径奔刘备去了。自此，关羽的忠义之名更加远播。

曹袁官渡大战

    200年，曹操、袁绍间发生了一场决定性大战——官渡（河南中牟东北）之战。

    曹操、袁绍是当时北方势力中最大的两个政治集团的领袖，二人决战势在必然。袁绍有军队数十万，后方巩固，兵精粮足。而曹操能用以抵抗袁绍的军队仅一二万人，且所居之地久经战乱，物资供应远不丰富。200年2月，

官渡之战示意图

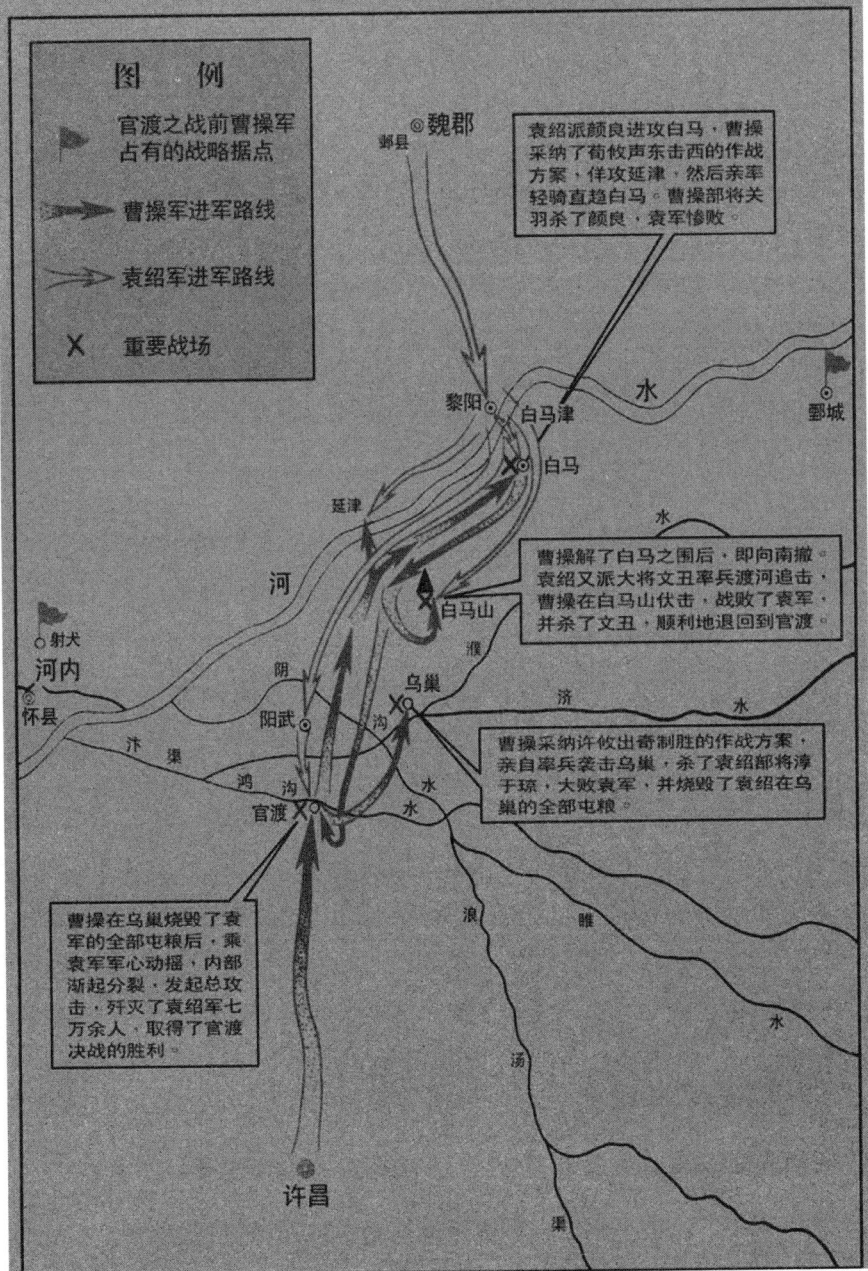

图 例

⚑ 官渡之战前曹操军占有的战略据点

➤ 曹操军进军路线

➤ 袁绍军进军路线

✕ 重要战场

◎魏郡
邺县

袁绍派颜良进攻白马，曹操采纳了荀攸声东击西的作战方案，佯攻延津，然后亲率轻骑直趋白马。曹操部将关羽杀了颜良，袁军惨败。

黎阳◎ 白马津 水 ◎鄄城

白马 ✕

延津

河 白马山

曹操解了白马之围后，即向南撤。袁绍又派大将文丑率兵渡河追击，曹操在白马山伏击，战败了袁军，并杀了文丑，顺利地退回到官渡。

◎射犬
河内

怀县 阴 阳武 乌巢✕ 济 水
汴 渠 沟

鸿 沟 水

官渡✕ 水

曹操采纳许攸出奇制胜的作战方案，亲自率兵袭击乌巢，杀了袁绍部将淳于琼，大败袁军，并烧毁了袁绍在乌巢的全部屯粮。

曹操在乌巢烧毁了袁军的全部屯粮后，乘袁军军心动摇，内部渐起分裂，发起总攻击，歼灭了袁绍军七万余人，取得了官渡决战的胜利。

浪 睢 水

汤 水

◎许昌

渠

097

官渡之战遗址

袁绍遣谋士郭图、大将颜良进军白马，围攻曹操的东郡太守刘延，自己亲率大军进至黎阳，准备渡河直捣许都。决战中，曹操充分表现了自己的军事才能。他先是采用声东击西之计，斩大将颜良，解白马之围。然后诱敌深入，又于延津之战中大败袁军，斩大将文丑。初战胜利后，曹操主动撤兵，退屯官渡，深沟高垒，坚壁不出，等待战机，如此阻扼袁绍十万大军达半年之久。十月，袁绍谋士许攸投奔曹操，透露了袁绍新近在乌巢（今河南延津东南）屯积万余车粮草辎重的情况，并建议曹操出奇兵偷袭乌巢。曹操闻听大喜，亲自率步骑五千人打着袁军旗号，乘夜奔袭乌巢。半夜时分，曹军赶至乌巢，四面点火，围攻袁军大营，守将淳于琼出战不利，退守粮屯，等待援军。乌巢离袁绍大营仅四十里，但袁绍得知曹操亲自率兵偷袭乌巢，认为这正是攻破曹操大营的好机会，便派大将军张郃、高览等进攻官渡曹军大营，只派少数轻骑往救乌巢。在乌巢，曹操督军继续猛攻，曹军将士都殊死奋战，终于大破淳于琼军，阵斩淳于琼，烧其粮草辎重万余车。乌巢一伐，决定了官渡之战的胜负，至此袁绍败局已定。袁绍攻曹操官渡大营未下，乌巢败讯已经传来。袁军将领张郃、高览等见大势已去，投降曹操，袁军顿时全线崩溃。曹操乘势出击，大败袁军，消灭袁军七八万人，缴获大批珍宝、图书、辎重等物，袁绍与其子袁谭仅带八百余名亲兵逃过黄河。

官渡之战，曹操以弱胜强，一举消灭袁绍的主力，为他统一北方奠定了基础。

曹操使用车炮

炮是火炮出现以前古代攻守战的重要武器，它利用杠杆原理抛掷石弹。简写为砲，又称为礮，云礮，飞石，抛石等，欧洲称为抛石机。

据宋朝兵书《武经总要》记载：炮以大木为架，结合部用金属件联结。

炮架上方横置可以转动的炮轴，固定在轴长的长杆称为"梢"，起杠杆作用。用一根木杆作梢的称为单梢，用多根木杆缚在一起作梢的称为多梢，梢数越多，抛射的石弹越重、越远。炮梢的一端系皮窝，容纳石弹，另一端系炮索，长数丈，少则数条，多则达百条以上，每条炮索由1—2人拉拽。发射时由1人瞄准定放，拽炮人同时猛拽炮索，将另一端甩起，皮窝中的石弹靠惯性抛出，射程可达数百步。火药在军事上应用后，它还用于抛掷火球、毒药弹及爆炸弹等。该书记载的炮有十几种之多，大都是架置于地上或插埋于地下固定施放的，也有安装有四轮，可以机动的，称为车炮，还有可以旋转的旋风炮。

中国炮的使用不迟于春秋时期，春秋末期《范蠡兵法》中记载的炮，飞石重十二斤，射程达200步。《左传》桓公五年（前707）周郑繻葛之战中也有使用炮的记载，东汉以后，它成为军队中重要的攻守战具。东汉官渡之战中，曹操攻击袁绍时曾使用发石车，它发射时有巨大声响，因而又被称为"霹雳车"，是见于记载的最早的炮车。它可以装在车上，随军行动，又被称为拍车，此后，成为军中的常备武器。曹操军中车炮的使用，使这种攻击力极强的战具更具灵活性，是这一武器的一次巨大改进，大大增强了其实战适用功能。

曹操屯田

建安元年（196），曹操采纳枣祗、韩浩的建议，于群雄内第一个推行屯田制，在许下大规模屯田。

曹操在参与镇压起义军的过程中，俘虏了大批黄巾军民并拥有大量土地和耕牛，具备大规模屯田所需的条件。许下屯田的当年，得谷百万斛，获得巨大成功，于是曹操下令在各州郡置田官，随处屯田积谷，屯田制迅速推广到中原各地，每年

执锄陶俑，是一农民形象的真实写照。

收获谷物千万斛，解决了军粮问题。

民屯是曹操屯田的主要形式，由设在中央的大司农及地方上的典农校尉、典农都尉等官员进行分级管理，最基本的单位是"屯"，每屯50人，设有屯司马管理屯田事宜。屯田民是国家佃客，以四六分（用官牛的，官得六分）或对分（不用官牛的）向国家缴纳实物地租，但不负担另外的徭役。

为了保证统一战争的需要，曹操还创办了军屯，在边境和军事要地，以军士耕种，由中央派司农校尉专掌诸军屯田，其下按军队原有的军事编制系统进行管理，最基层的单位是"屯营"，每营60人。军屯的无偿劳役制，所得谷物就地充当军粮。军屯兵士束缚较严且屯兵身份世代相传，成为军户，如果兵士逃亡将罪及妻子。

曹操实行的屯田制，虽然是强制劳动，剥削率也高，但屯田积谷使北方的农业经济得以恢复，结束了东汉以来农民与土地分离的情况，农民又以国家隶属农民的身份和土地重新结合。曹操屯田，加强了他的政治经济力量，为其在三国逐鹿中争取了优势，并为其统一北方霸业奠定了坚实的经济基础。

受曹操屯田的影响，后来的孙吴、晋也进行过屯田。西晋时，北方的屯田只保留军屯方式，南方的屯田则一直延续到东晋南朝，但规模都不大。

牟子《理惑论》传播佛教思想

东汉末年，儒家独尊地位已开始动摇，佛、道二教因解脱禁锢而得以迅速发展，与中国传统文化分属不同体系的印度佛教，传入中国以后，因价值取向的不同，必须在儒道二教的夹缝中谋求生存和发展，牟子的《理惑论》是第一部由中国人撰写的传播佛教思想的著作，体现了这一时代特点。

《理惑论》约成书于汉献帝初平年间（190～193），因作者名而又称为《牟子》。这部书的主旨是宣扬佛教思想。作为中国学者撰写的佛教著作，他对中国传统文化包括儒、道二家的思想十分熟悉，为了确立佛教的地位，他力图找出佛教与儒、道二家思想的某些相通之处，以此作为切入中国意识形态领域的契机。虽为传播佛教思想，却没有将自己的教义与儒、道对立起来，

民族崛起的东汉

而是寻找其思想的共同处。牟子认为佛教是当时流行的道术中的一种，与道家学派一样，在九十六种道术中，居于最尊贵的地位。在《理惑论》中，牟子多引用《老子》、《论语》、《孝经》书中的话以论证佛法教义的合理性。它运用问答体的形式，回答了当时对佛教的种种疑问和责难。为佛教极力辩护。有人批评佛教出家修行违背儒家的忠君原则，违背孝道。牟子却认为两者并不背离，只是侧重点有所不同，像"金"和"玉"不互相伤害一样。书中批驳了道教的神仙思想，传扬佛教的"神不灭"思想。其

东汉佛像陶插座。上部作圆柱状，下为础，中空。柱表浮雕一佛，二协待。佛有高肉髻，着通肩式宽衣。础表浮雕龙虎夺璧，是中国早期佛教造像的珍贵遗物。

对"佛道"的解释却又与老子的"恬淡无为"思想相契合，认为"佛道"最终也"归于无为"，这样，佛和老子的志向在"无为"这一点上达成共识。

无疑，《理惑论》最先体现了由汉代儒家独尊向儒道释三教并存这种时代精神的转换，它是汉末三教激烈斗争中，对佛教教义的重新阐释，体现了佛教徒企图把佛教与中国传统的儒家和道家思想调和的目的，表现了汉末佛教在中国流传的特点，为谋求佛教在中国的生存和发展作出了有益尝试。同时，这部划时代的著作拉开了漫长的三教在理论上论争和交融的序幕。

百炼钢出现

汉章帝时(76 ~ 88)有"五十涑"钢剑，剑正面隶书错金铭文"建初二年(77)蜀郡西工官王愔造五十涑□□□孙剑□" 21 字。经金相考察，此剑系以炒钢

为原料,经反复加热锻制而成。真正有"百炼"出现,始自建安年间(196～220)发出的《内诫令》,称"百炼利器"。曹植《宝刀赋》中赞这种"利器"能"陆折犀革,水断龙舟"。同时期的蜀汉蒲元铸刀五千,砍竹筒"如断刍草,应手虚落";孙权有宝刀即名"百炼"。可见东汉末年,百炼钢工艺已产生,并发挥了它在军事领域中的神威。1961年日本天理市栎本町东大寺古墓发现中国东汉钢刀,上有错金铭文24字,"中平□□五月丙午造作〔支刀〕百炼清〔刚〕上应星宿〔下〕辟〔不祥〕",引起很大的重视。所谓"百炼",即千锤百炼,它以炒钢为原料,在高温下反复折叠锻打,或用数种成分不同的原料反复叠锻而成。据北宋沈括《梦溪笔谈》载,百炼钢的中心环节就是"锻之百余火",这样得来的钢组织致密,成分均匀,夹杂物细化,柔韧锋利,质量大大提高。除去"百炼"外,古代还有"五十炼"、"三十炼"、"七十二炼"、"九炼"之钢。经对文物的初步研究,得知五十炼钢剑的高低碳层共50～60层,可推知炼数大至相当于反复折叠锻打后最后的层数。百炼钢是在块炼渗碳钢的基础上发展起来的,随着炒钢技术的出现和发展,以炒钢和熟铁为原料的百炼工艺进入成熟阶段,直至明清这种工艺仍在使用。它是炼钢史上一次大革命,极大改进了军事武器以及生产工具。

琴的艺术成熟

琴是中国古老的拨弦乐器,现代称为古琴、七弦琴。两汉期间,琴的艺术飞跃发展,大约东汉末,琴的形制稳定,琴的艺术成熟。

西汉初,琴的形制与今日形制不同。湖南长沙马王堆三号西汉墓出土的七弦琴(全长82.4厘米)与战国早期曾侯2墓的十弦琴(全长67厘米),在形制上一脉相承,都是将面板浮扣在底板上组成音箱,没有徽,但有琴轸可以调弦。西汉早期人们已明确认识到琴的面板和腹板最好各用桐木和梓木。西汉之交的桓谭在《新论》中论述了琴的规格,琴、琴弦的长度,琴的厚度、广度,形制上圆下方、上广下狭等,并将这些和一年的日数、律吕之数、天圆地方、尊卑之礼联系起来,显示它的神圣性。

随着两汉琴艺的不断发展,产生了一批著名的琴人琴师,如司马相如、桓谭、

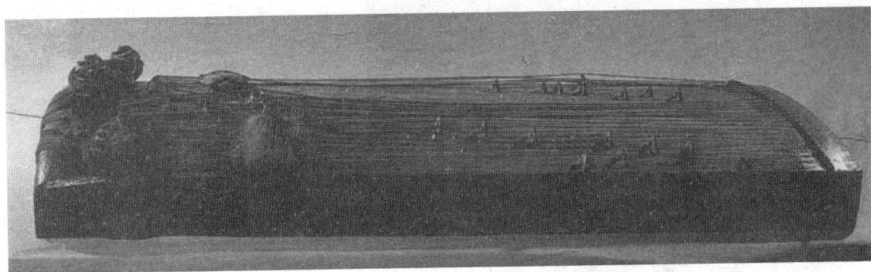

西汉古琴瑟

师中、蔡邕、蔡文姬等。当时琴师的技能十分高超，有着丰富的指法，《修务训》中说：盲人尽管不辨黑白色与昼夜，但在拧轸调弦、按音弹奏表现各种手法时，两手却如蠓飞来飞去不会弄错一根弦。司马相如既是汉代著名辞赋家也是早期琴家，他的琴艺相当精妙，可传情达意，曾以琴声打动卓文君，从而写下一段佳话。

桓谭生活在西汉末年东汉初，善写文章，也精通音律，更会鼓琴。他酷爱音乐，自谓"志乐听音，终日而心不足"，著作《新论》29篇，其中《琴道篇》论述琴曲、琴史和琴论。蔡邕是东汉末著名的文学家、书法家、琴家，博学多才，创作的著名琴曲有《游春》、《渌水》、《幽居》、《秋思》、《坐愁》，被称为蔡氏五弄，作品从问世到唐代一直盛行。蔡邕写的《琴赋》涉及十首琴曲曲名，为研究琴曲历史和来源提供了资料。据《后汉书·蔡邕传》记载，他使用的琴叫"焦尾琴"，这是他在吴人灶中听到火裂声音，从而发现桐木良材，便抢出来制成琴，琴的音色美，尾部还留有焦痕，所以叫"焦尾"。蔡邕的女儿蔡文姬博学而且精于音律，她所作《悲愤诗》真切感人，极大地影响了后世琴曲创作。

名法思想兴起

东汉末年，谶纬神学思想逐渐衰落，儒家神学的独尊地位彻底丧失，其作为维系社会和人心的功能已不复存在，为世家大族所垄断的人才察举制度，引起了各阶层人们的极度不满。一些士大夫从被汉武帝罢黜的先秦诸子学说

汉云南少数民族服装鎏金获俘扣饰

中，寻出了名家和法家的思想学说。名法思想随之兴起。

名家和法家之所以能复兴，乃是因为名家考核名实，知人善任，法家讲求"循名责实"，即如何发现人才和使用人才，从而将封建法治紧密联系起来，正适应了曹魏政权抑制豪强和大力选拔寒门庶族人才以巩固其在北方建立的统治的需要，曹操提出的"唯才是举"的人才选拔标准，名家和法家的复兴与此如出一脉。

曹魏政权是通过统一北方并与豪门世族的分裂割据势力斗争而建立起来的，为了打击这些豪强势力，曹操推行了一些进步的政治措施，他主张法治，抑制和打击地方豪强和世族官僚，并根据法家"信赏必罚"，选贤任能的原则整顿吏治，以唯才是举作为选拔和考核官吏的标准，彻底打破了儒家名教观念和豪门世族垄断政治的局面，经他三次"求贤"，凡是有治国统兵才能的人，不拘门第高低贵贱，一律委以重任，而且继承了法家商鞅的耕战思想，他奖励耕战，推行屯田制，较好地解决了粮饷问题，这一系列措施都是先秦法家思想的承袭。曹操的军事思想，也多源自先秦法家和兵家。他以法治军，赏罚分明，且制度健全，坚持朴素唯物主义和辩证法思想，充分重视和发挥人的主观能动作用和客观条件的作用，决不迷信，在对敌我双方形势客观判断的前提下，因势利导，把握胜利的契机，创造了"官渡之战"这样以少胜多的著名战例。然而曹操对先秦法家并非刻板继承，在"刑"和"礼"的关系上，他能根据所处的形势而各有侧重，根据斗争的需要来确定先后秩序。在所谓拨乱反正时期以刑为先，而在治定之世则应以礼为主，软硬兼施，交相使用，才能维护统治者的利益。

诸葛亮也是位杰出的政治家、军事家，在军事上和治理内政方面采取的措施与曹操极为相似，也奉行法治。这些治国治军的方略，在汉末魏初的动乱年代确实起到了维系社会和人心的重要作用，同时又为魏晋玄学思潮的兴起，以及品藻人物的清谈之风提供了某些思想准备。

张仲景著《伤寒论》

张仲景（2～3世纪），即张机，汉代医学家，南阳郡涅阳（今河南南阳）人，年少时跟随同郡张伯祖学医，曾任长沙太守。东汉末年，瘟疾流行，张氏宗族的200多人在不到10年时间就死去2/3，其中大部分死于伤寒发热。张仲景悲愤之余，发愤读书，刻苦钻研《内经》、《阴阳大论》等古典医药书籍，总结东汉以前众多医家和自身的临床经验，于东汉末年撰成了《伤寒杂病论》这部划时代的临床医学巨著。《伤寒论》即是《伤寒杂病论》的组成部分之一。

张仲景像

《伤寒论》共10卷，是一部以论述伤寒热病为主的奠基性中医临床经典著作。张仲景在《伤寒论》中，对其发病的因素、临床症状、治疗过程及愈后等问题，进行了综合分析，创造性地提出了六经辨证的学说，即按热性病发病初、中、末期不同的临床表现和不同治疗的反应与结果，分为辨太阳病、辨阳明病、辨少阳病、辨太阴病、辨少阴病、辨厥阴病脉证并治，以及"平脉法"、"辨脉法"、"伤寒例"、辨痉湿暍、辨霍乱病、辨阴阳易差后劳复脉证并治。

在诊断上，张仲景"勤求古训，博采众云"，采用"望、闻、问、切'四诊'"和"阴、阳、表、里、虚、实、寒、热'八纲'"对伤寒各种证型、各阶段的辨脉、审证大法和用药规律用条文的形式作了比较全面的说明和分析。这种辨证思路、方法和治疗法则，就是人们常说的"辨证论治"，成为后世治疗过程中必须遵循的诊治原则，体现了中医学所具有的独特而完整的

民族崛起的东汉

《金匮要略》书影。明万历年间虞山赵开美校刻本。

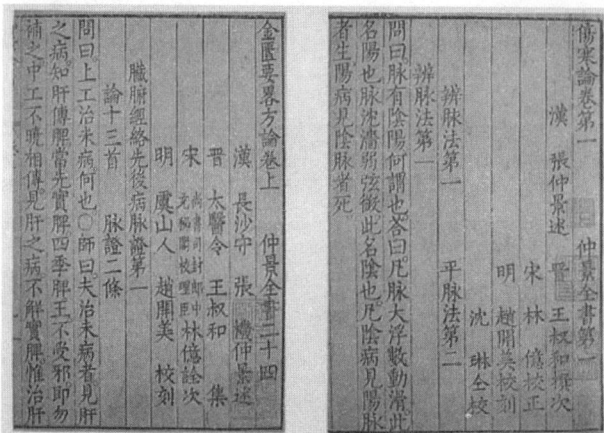

《伤寒论》书影。张仲景著《伤寒杂病论》，被后人整理成《伤寒论》和《金匮要略》两书行世。

医疗体系。

全书以六经辨证为纲，方剂辨证为法。按汗、吐、下、和、温、清、补、消"八法"，结合《内经》有关正治、反治、异病同治、同病异治的各种治疗法则，包括了397法、113方。其中方剂有柴胡汤、桂枝汤、理中丸、麻黄汤等，并说明了各方剂药物的组成、用法及主治病证。这些方剂经过验证，效果显著，为中医方剂治疗提供了变化、发展的基础。

《伤寒论》虽主要论述伤寒证治，但贯穿书中的"辨证论治"思想及六经大法，对于各科临床诊治均有指导意义。

原书《伤寒杂病论》撰成后，因战乱散佚，后经晋代王叔和整理，北宋治平二年（1065）再经校正书局校订，编纂成当时《伤寒论》的通行本。

自宋以来，注释和研究《伤寒论》的著作不胜枚举（600种左右）。而外国对张仲景的研究也很深入，论著颇多。张仲景的方剂被推为"经方"，称之为"众方之祖"。张仲景也被尊为"医圣"。

张仲景墓。在河南南阳张仲景故乡。

华佗创五禽戏

五禽戏，也叫五禽气功、五禽操、百步汗戏，是东汉华佗在运动实践中创编的成套导行健身术。因模仿虎、鹿、熊、猿、鸟5种禽兽的神态和动作而得名。

华佗（约141～208）又名敷，字元化，沛国谯（今安徽亳县）人，是汉末著名医学家、养生家，外科技术尤为精湛，首次把全麻醉剂（酒服麻沸散）应用于外科手术，大大推进了外科手术的发展。他还根据人体的生理和某些医理，在继承前人导引理论和实践的基础上，阐明了运动对于健康的重要性和导引在养生方面的作用，创编五禽戏。

中国人很早就有人知道仿效鸟兽动作能舒筋活络，健身治病。长沙马王堆出土的西汉墓葬帛画中的"导引图"上就有一些模仿动物形态和姿势的动作。我国最早的医书《内经》和先秦《庄子》中，也有关于"熊经鸟伸"的记载。可见模仿动物动作操练以强身治病由来久远。而东汉华佗将前人的理论和实践加以总结，创编了这套保健医疗体操，并提出了预防疾病为主的理论。在中国运动史、气功史上有极重要的意义。

在汉代，尤其是汉武帝时期，作为帝王的汉武帝竭力追求长生不老，一时方术大盛，华佗走的却是与一般方士不同的道路，他认识到运动对人体健康具有重要的作用，体育锻炼才是延年益寿

五禽戏——虎。摹仿劝物的动作以养生健身，是中医导引术的基本内容，早在战国时期仿生导引已盛行。东汉华佗在前人的基础上编"五禽戏"，摹仿虎、熊、鹿、猿、鸟五种动物的行为来锻练身体。图为《内外功图说辑要》中的五禽戏虎。

107

王禽戏——熊

王禽戏——鹿

五禽戏——猿

王禽戏——鸟

的科学方法。史籍所载，华佗的弟子吴普坚持操练五禽戏，九十多岁时仍耳目聪明，牙齿完好无损，而且身体有病时，可以依赖操练五禽戏而治愈。

华佗所创五禽戏的具体动作早已失传，六朝陶弘景《养生延命录》中所辑《五禽戏诀》可能与原来的动作差距不大。

五禽戏五种类型动作的作用各不相同，一般说，虎势能使身体强健，加强肌腱、骨骼、腰髋关节功能；鹿势能引伸筋脉，益腰肾，增进行走能力；猿势能使脑筋灵活，记忆增强，发展灵敏性，开阔心胸；熊势能增强脾胃功能，增强力量；鹤势能加强肺呼吸功能，提高平衡能力。练五禽戏不仅要求形似，而且要求神似，要做到心静体松，动静相兼，刚柔并济，以意引气，气贯全身，以气养神，精足气通，气足生精。五禽戏以中医理论为基础，以人的生理特征为依据，运用五行、脏象、气血、经络等学说来解释它的作用。练五禽戏时要求守住意，运好气，集中精力，尽快入静，呼吸缓慢柔和、深长均匀，轻松自然，运动时劲蓄不露，做到"气行则血行"，每次练习应力求出汗，以促进新陈代谢，活血化瘀，去邪扶正；全过程要贯穿单腿负重、步分虚实、躬身前进，还要注意神态模仿逼真，如模仿虎的威猛、鹿的回首、猿的灵敏、熊的浑厚、鹤的翘立等。

五禽戏的出现，很大程度上推动了后世导引养生术的发展，同时对后来一些象形拳的创编提供了一些有益的启示，因而对我国的运动史、气功史产生了极深远的影响。

华佗成为外科鼻祖

华佗是东汉后期著名医学家。义名敷，字元化。沛国谯（今安徽亳县）人。以行医闻名于世，史传说他年且百岁而犹有壮容。他擅长内、外、妇、儿、针灸各科，尤其精于外科。

他首创开腹术，为后代医家誉为"外科鼻祖"。《后汉书·华佗传》载，如果疾病发结于内，针灸药物无法治疗，华佗就让病人以酒服"麻沸散"，等病人全身麻醉，毫无知觉后，"剖破腹背，割除病结"；如果病在肠胃，就把肠胃切断，冲洗，清除积秽，然后再缝合，敷上"神膏"，四、五日后，创口便能愈合，一月之间病人就能完全恢复。这种在全身麻醉情况下的腹腔

华陀字元化，沛国谯（今安徽亳县）人，是汉末著名医学家、养生家，外科技术尤为精湛，首次把全麻醉剂（酒服麻沸散）应用于外科手术，大大推进了外科手术的发展。

肿瘤摘除和肠胃部分切除吻合术，今天做来也不简易，而1700多年前的华佗能熟练精巧地完成，并能达到在四、五日愈合手术切口，与现代无菌手术的愈合期相一致的效果，不能不谓神绝。华佗在外科学和麻醉学上的深刻造诣，不仅在中国医学史上是空前的，在世界外科手术史和麻醉学史上，也占有相当重要的地位。在其影响和启发下，中国后世医家研究麻醉散取得了不少成果。如宋代窦材用"睡圣散"作为灸治前的麻醉药。《世界医学史》的作者西欧鲁氏说："阿拉伯医家知用一种吸入的麻醉剂，恐从中国人学来，称为中国希波克拉底的华佗，很精此技术。"可见华佗的麻醉术在国际上具有深远的影响。

华佗传授的弟子3人，樊阿善针灸、吴普著本草、李当之著药录，都闻名于当世。华佗本人的著作未传世，传本华佗《中藏经》是后人托名所作。

汉代金银器持续发展

金和银在春秋时就已当作货币使用。此后，它作为财富的象征，一直受到人们的喜爱。人们喜欢将金银制成器皿或首饰，表示富贵，所以，金银器自春秋战国出现后，经久不衰。

汉代，手工业较前代有很大进步，金银器得以持续发展。两汉金银器制作繁复精致，工艺水平很高，制作技术主要有：（一）成形方面，以锤鲽、焊接为主，范铸者较少。（二）图案花纹的加工往

鎏金铜铺首

汉鎏金银蟠龙纹壶

汉鎏金嵌琉璃乳钉纹守业容酒器

往先锤打而呈立雕或浅浮雕之后，再采用镌刻等方法。(三)熔金为珠，再焊成联珠、花纹或鱼子纹地。(四)拉金成丝，编缀成辫股或各种网状组织，焊接于器物之上。(五)以金丝堆累各种镂空状图案。(六)较广泛地运用掐丝镶嵌。镶嵌用材以玉、松石、玛瑙、玻璃为主。与西方金细镶嵌宝石工艺不同的是，尚不见以宝石作为镶嵌材料。这是因为受到了资源的限制。这些制作技术标志着汉代金银器工艺已经脱离了青铜器工艺的传统技术，走上独立发展的道路并逐步达到了成熟的阶段。此外，两汉时期还继续采用包、镀、错、镶等方法用金银装饰铜器或铁器，有的还将金银片打成金箔或制成泥屑，用于漆器、丝织物上，以增强其富丽感。

两汉时期的金银器，在我国南、北方均有出土。江苏盱眙南窑庄窖藏中曾发现金版、金饼及金兽。金兽出土时盖在装有金币的铜壶口上，重9000克，含金量达99%。金兽作蜷伏状，两前肢置于额下，颈部戴三轮项圈，额间有一环纽，通身锤饰圆形花纹，仿似豹身上黑色斑点，这种制作方法至今仍为孤例。江苏邗江甘泉二号汉墓(东汉初广陵王刘荆之墓)中，出土了金泡形饰、龟纽广陵玉玺、盾形饰、品形饰、王冠形饰、空心球、龙形片饰及银碗等。这些金器作工极为精细，采用了掐丝、炸珠、焊接、镶嵌等技法，说明东汉初年的金细手工艺已达到很高的水平。另外，1983年广州南越王墓也出土了

一大批制作精良的金银器，反映了岭南地区金银器工艺的发展水平；安徽合肥西郊东汉末期墓也出土了一件"宜子孙"金饰，造型别致，表明金细手工艺至东汉末年仍然不衰。

北方出土有很多两汉金银器，几乎都是由多种细致工艺制成，花样繁复，形状多样，真是巧夺天工，如中山靖王刘靖墓出土的掐丝金龙，采用了锤鍱、焊接、掐丝等多种工艺制成，栩栩如生，富丽堂皇。

两汉王朝与西方往来较密切，通过丝绸之路和海上贸易，其金银工艺品运往西方，极受欢迎。前苏联哈萨克共和国出土有仙人骑兽镂空镶嵌金带，具有典型的中国汉代风格。所以，汉代金银器物的发展，不论对中国还是世界的手工艺技术进步，都有重大意义。

201～210A.D.

东汉

202A.D. 汉建安七年

正月，曹操治睢阳渠。五月，袁绍死，子谭与尚争立。九月，曹操败袁谭、袁尚。

203A.D. 汉建安八年

二月，曹操败袁谭、袁尚于黎阳。

204A.D. 汉建安九年

正月，曹操遏淇水入白沟以通运。八月，曹操大破袁尚，取邺城，曹操使人招慰乌桓。

205A.D. 汉建安十年

正月，曹操击杀袁谭。政论家荀悦著成申鉴五篇，奏呈献帝。

206A.D. 汉建安十一年

正月，曹操自将击高幹；三月，幹败死，并州平。

天文学家刘洪著成《乾象历》，测定了回归年为 365.2462 日。

207 A.D. 汉建安十二年

八月，曹操大破乌桓于白狼山，斩蹋顿，胡汉降者二十余万。十一月，代郡乌桓单于普富卢、上郡乌桓单于那楼谒曹操于易。诸葛亮出《隆中对》，曹操赎回蔡琰整理其父遗作。

208A.D. 汉建安十三年

六月，罢三公官，曹操自为丞相。八月，曹操杀孔融，夷其族。刘表死，子琮嗣。九月，曹操攻荆州，刘琮降。刘备遣诸葛亮东结孙权，以抗曹操。十月，曹操以舟师攻孙权，权将周瑜大破之于乌林赤壁。十二月，刘备攻占武陵、长沙、桂阳、零陵诸郡。曹操杀名医华陀当在此前数年。

209A.D. 汉建安十四年

七月，曹操开芍陂屯田。

210A.D. 汉建安十五年

春，曹操令荐人者唯才是举。冬，曹操作铜雀台于邺。

208A.D.

罗马皇帝塞维鲁亲征不列颠，五万罗马兵死于疫。

201A.D.

扶南混盘子盘约于在位，不久死，国人共举大将范蔓（或作范师蔓）为王。范蔓水陆用兵，大事兼并，辟地五六千里，自号扶南大王。

113

曹操击败刘备

建安五年（200）七月，曹操派大将曹仁击败了刘备。但不久，刘备又占据了汝南郡（今河南上蔡西南），和黄巾军余下的部队龚都等人合兵一处，骚扰袭击曹操后方。当时曹操正在官渡和袁绍主力部队相持不下。曹军从兵力、粮草上明显处于劣势，所以曹操把主要兵马用在对付袁绍上，无暇顾及刘备，便派将领蔡扬进讨刘备。结果蔡扬被刘备杀掉。曹操取得官渡之战胜利后，于建安六年（201）九月，亲率大军向刘备发动进攻。刘备深知兵力不敌，弃了阵营，率军投奔荆州（当时治所在襄阳，即今湖北襄樊）的刘表。刘表亲自到郊外迎接刘备，以上宾之礼对待他，又为他补充军队，让其驻屯在新野（今属河南），刘备于是暂时栖身于新野，等待时机。

曹操兴学

建安八年（203），曹操因为国内连年战乱，学校大多废置，后生已失去仁义礼让之风，于是下令郡国中人学习文学，县满五百户，就要设置校官，选乡里有才华的人教学。同时规定公卿、六百石以上官吏和将校子弟为郎、舍人的，都可以诣博士受业。如果可以精通一部经书以上，就可以由太常分等级授官阶。曹操兴学对汉末教育的发展、文学的发展都起了巨大的作用，尤其是他按所学经书多少授官阶，刺激了全国上下学习文化知识，有利于封建文化的继续发展。

蔡琰归汉

建安八年（203），曹操派使者周近持玄玉璧出使匈奴，赎回流落匈奴十二年的才女蔡琰。

蔡琰，字文姬，又字昭姬，东汉末陈留圉县（今河南杞县南）人。生卒年不详，汉魏间女诗人，是著名学者蔡邕的女儿，博学，有才辩，精通音律。蔡邕曾在夜里弹琴，弦断了，蔡琰说："第二弦断了。"蔡邕以为她

文姬归汉图

是偶然猜中的，又弄断一弦，问她，她说："第四弦断了。"当时她还是幼童，已精通音律。她初嫁河东卫仲道，夫死回归娘家。献帝初平三年（192），在战乱中她被胡骑掳掠到匈奴，后为匈奴左贤王所得，生二子。在匈奴生活十二年后，于建安八年（203），被曹操赎回中原。蔡文姬回到中原，根据记忆整理了亡父蔡邕四千卷书中四百余篇，整理收集了其父蔡邕遗著。同时，她还追怀悲愤，感伤离乱，作《悲愤诗》二章，一为五言，一为骚体，叙述战争给人民造成的痛苦和自己不幸的命运，情辞激烈真挚，哀婉感人。她的《胡笳十八拍》如泣如诉，一共十九章，郭沫若称赞它"实在是一首自屈原的《离骚》以来最值得欣赏的长篇抒情诗"。

蔡琰归汉后，对保留和传播中国古代文化作出了自己的贡献。

115

孙权安定东吴

建安八年（203），孙权西伐江夏太守黄祖时，江东鄱阳等地山越大起，孙权即刻还军平定山越。山越泛指当时居于山谷间的土著居民。孙权命征虏中郎将、荡寇中郎将程普、建昌都尉太史慈分头进讨山越，又派别部司马黄盖、韩当等人扼守山越经常出没的郡县。不久平定了山越。

建安八年冬，建安（今福建东瓯）、汉兴（今浙江吴兴南）、南平（今属福建）等三县百姓起义，各聚众数万人。孙权命令南部都尉贺齐率兵进讨。贺齐使属县各出兵五千人，由各县县长率领，由自己统一调遣。贺齐连破农民军，斩其首领洪明，其他首领洪进、苑御、华当等皆投降。农民军六千多人被斩首，损失惨重，三县起义被平定。

孙权平定山越，讨平建安等地起义军，安定了东吴。

诸葛亮出《隆中对》

建安十二年（207），刘备亲至襄阳隆中访问隐居在那里的琅琊名士诸葛亮。诸葛亮（181～234），字孔明，三国时期大政治家兼军事家，时称"卧龙"先生。刘备在荆州时，访贤若渴，司马徽和徐庶向他推荐诸葛亮。刘备三访隆中，才见到诸葛亮。刘备与诸葛亮在隆中畅谈天

古隆中三顾堂

下大势和个人志向，并向诸葛亮求计。诸葛亮向刘备提出"东联孙吴，西据荆益，南和夷越，北抗曹操"的统一全国的方略。诸葛亮为刘备分析天下形势，建议他乘机夺取荆州、益州，以此二地为基业，据险要地势，坚守不放，然后与江东孙权结好，与西南少数民族融洽相处，在国内修明法度，广积粮草，整顿军队，发展生产，充实地方实力，静静观望时局变化，一伺时机成熟，马上向北抗击曹操，统一全国，完成霸业。这就是著名的《隆中对》。刘备听后大喜，如鱼得水，于是请诸葛亮出山辅佐自己。从此诸葛亮成为刘备的主要谋士，也成为刘备集团中举足轻重的人物，为蜀政权立下了汗马功劳。而《隆中对》也就成为指导刘备集团斗争的路线。

曹操杀华佗、孔融

华佗，一名敷，字元化，沛国谯（今安徽亳县）人，精通医学，兼擅长内、外、妇、儿、针灸各科，尤以外科著称，曾创制五禽戏，用麻沸汤麻醉病人施行手术。华佗游医四方，名满天下。曹操患头风，召华佗前往治疗，华佗治病产生了疗效，但并没有去除曹操的病根。后来华佗又找借口避开，曹操大怒，派人捉拿华佗，下到狱中，于建安八年（203）处死。华佗死后，他的医书也失传。

孔融（152～208），字文举，鲁国（今山东曲阜）人，孔子第二十代孙。孔融自幼聪明好学，博览群书，品行为时人夸赞。是建安时期著名的文学家，"建安七子"之一。曹操在朝中执掌大权后，渐渐流露出篡汉的野心。孔融恃才负气，每每因事嘲笑侮辱曹操。曹操因孔融名声太大，每次都忍耐，没有发作，但是心中渐渐地嫌忌孔融，寻找机会除掉孔融。建安十三年（208）八月，曹操以"大逆不道"的罪名处死了孔融，同时杀了他的妻子和孩子。

孙、刘破曹操于赤壁

建安十三年（208）十二月，曹操在夺取荆州（今湖北襄樊）后，写信恐吓孙权，准备以八十万水军和孙权围猎吴地，随后准备沿江东取夏口（今湖

赤壁之战。火烧赤壁是中国战争史上火战中最著名的战例。图为今人画的"赤壁之战"。

北汉口），消灭刘备。刘备派谋士诸葛亮过江联合东吴共抗曹军。当时曹操大军约有二十万人，诈称八十万。孙权调集三万兵力，派大将周瑜、程普为正、副统帅，和刘备的二万人马组成联军，共同抗击曹操，赤壁之战爆发了。曹操大军自江陵沿江东下，到赤壁（今湖北嘉鱼东北，在长江南岸）和孙刘联军遭遇。曹军远来疲弊，士兵不习水土，经过两小时战斗，孙刘联军获胜。曹操把军队移到乌林（今湖北嘉鱼西，在长江北岸），与对方隔江对峙。周瑜运用黄盖诈降计，派黄盖率小型战船十艘，上面满装柴草，再用膏油灌注，假称投降，向北岸的曹营驶去。距离曹营二里时，黄盖命各船一起点火，借助风势，直扑曹操水军的船只。风猛火烈，曹军战船被火烧起，火焰借助风势，随即蔓延到北岸营寨。这时周瑜率领大队水军乘势从南岸发起进攻，曹军大

赤壁之战旧址。湖背蒲圻赤壁。

败，船只全部被烧，士兵伤亡惨重。曹操率领军队从华容道（今湖北监利西北）陆路撤回江陵。这时，孙刘联军水陆并进，把曹军追逼到南郡（治所在江陵）。曹操见大势已去，再加上疾病流行，很多人染病而死，只好命大将曹仁、徐晃镇守江陵，乐进镇守襄阳，自己率大军北撤回师。赤壁大战最终以曹操失败而告终。

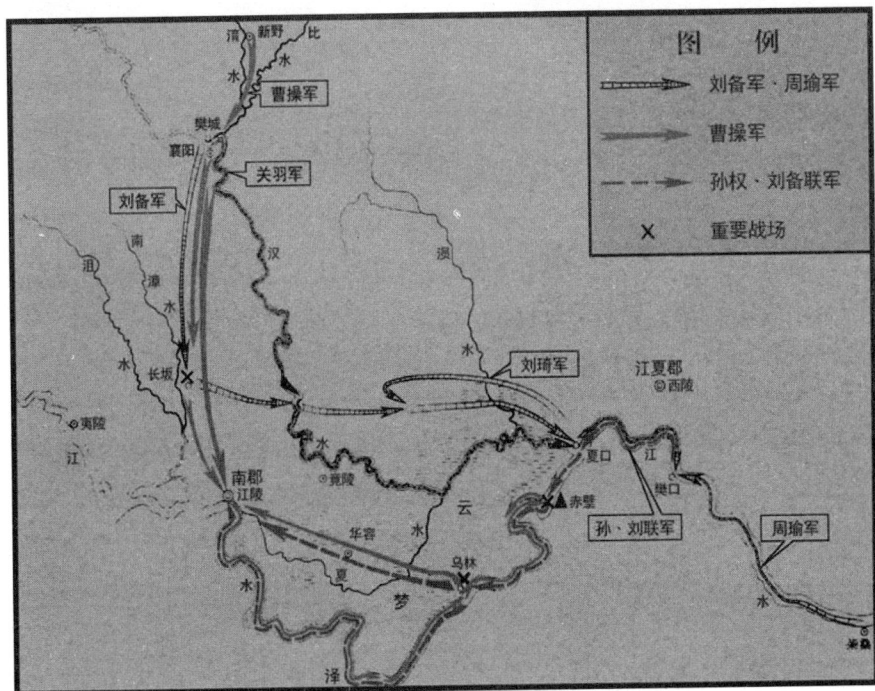

赤壁之战是一次以少胜多的战役，此后，三国力量对比发生变化，鼎足之势形成，曹操据北方，孙刘据江南，各自发展实力，积蓄力量，准备新的较量。

刘备占据荆州四郡

建安十三年（208）十二月，刘备占领荆州八郡中的江南四郡。刘备联合孙权击败曹操之后，上表表奏刘表之子刘琦为荆州刺史，自己领兵平定荆州在江南的武陵、长沙、桂阳、零陵四郡。四郡太

荆州古城

守都投降刘备。刘备夺得四郡后，以诸葛亮为军师中郎将，派其督零陵、桂阳、长沙三郡，又让偏将军赵云领桂阳太守。至此，刘备占领了荆州八郡中的江南四郡，实力大为增强，为刘备取四川以至与曹魏、孙吴形成鼎足之势作了很好的准备。

曹操作铜雀台

建安十五年（210）冬，曹操在邺城（今天河北临漳西南）修筑铜雀台，以供自己享乐之用。铜雀台台址位于邺城西北，高十丈，台上建有房屋一百二十间，非常奢侈富丽，是著名的古建筑群，是"曹魏三台"之一（其余二台为金凤台与冰井台）。铜雀台建成后，曹操率诸子登台，每人写作一篇赋来庆贺。铜雀台到明末被漳河冲毁。这座曾作为炫耀功勋与权利的建筑群虽然随时光流逝而成为陈迹，但是它仍通过文学作品保留下神秘而富丽的光彩。

仲长统著《昌言》

建安十一年（206）三月，仲长统著《昌言》，论说古今时俗政事，叙述己见，颇有新意。

仲长统（179~220），字公理，山阳高平（今山东邹县西南）人。从小好学，博览群书，文辞漂亮，性格狂放，不拘小节。他的《昌言》集中了他的观点，一共三十四篇，十几万字。可惜大多散失，一部分片断保留在《后汉书》本传和《全后汉文》中。

仲长统继承和发展了王充等人的唯物主义思想，不仅注重批判现实，同时对神学经学也进行了批判。他提出"人事为本，天道为末"的天人关系论。他否定有神论的世界观，强调只要"人事"处理得好，作到无私和举贤，能够勤于政事，就会"政平民安"，如果放弃"人事"而膜拜神灵，即使礼仪十分隆重，态度十分虔诚，也无法挽救败亡的命运。同时，仲长统强调发挥

乌恒是塞外的一支游牧民族。汉末，辽西部蹋顿成为三郡乌桓的军事首领，袁绍对他极力拉拢，并与他和亲。曹操为巩固北方的统治和消灭袁氏残余势力，决定远征乌桓。曹军大获全胜。图为汉乌桓校尉墓壁画，壁画中有不少乌桓、鲜卑人物形象。

人的主观能动作用，包括认识和利用自然规律去指导农业生产和各项事业，以达到预期的效果。仲长统公开否认"天命"，指出统治者宣扬"天命"，不过是"伪假天威"，以之为欺骗人民的工具而已，他对当时流行的各种灾异迷信之说都作了有力的批驳。

仲长统在强调"用天之道"以尽"人事"之时，就已包含了以客观规律作为人们认识、行动根据的重要思想，反映了他唯物主义认识论。在名实观上，他坚持"名"、"实"相副的观点，强调"是"与"非"都应有客观的标准，反对以主观认识和个人情绪代替客观事实，强调人们的认识和行动要与客观实际相符，不可凭主观行事。

仲长统主张通过人们自己对事物直接接触和观察去认识事物，识别一个人的认识深浅和办事能力高低必须通过对其实际能力的考察才能知晓，主张用实际效果检验认识。

仲长统反对和否认谶纬迷信和经学神学唯心主义所宣扬的"三统"、"三正"和"五德终始"说等神意决定论和天命循环论，认为社会历史发展不是"天命"，而是尽"人事"的结果。他把社会历史发展进程概括为从"乱世"到"治世"，再到"乱世"的过程，用社会自身现象来加以说明社会历史的"治"与"乱"的变化。

面对社会黑暗和腐败，仲长统也提出了要求改革的进步思想，主张以现实的实际利益为基础，以实际效果决定是否改制，并积极提倡改制。

到后期，仲长统却陷入老庄消极避世思想中，追求出世入仙境界，与他的前期的观念自相矛盾，但他基本倾向仍是唯物主义的，瑕不掩瑜。

仲长统，作为秦汉时期最后一位著名的进步思想家，对天人关系、客观与主观关系、社会历史发展都提出自己唯物主义的认识观点，并在理性和神学迷信之间划了一条鸿沟，宣告了经学神学思想统治的崩溃和两汉经学的终结。他提出"人事为本，天道为末"的思想，无论从理论上还是从对社会现实的批判上，都具有重大意义。但是由于时代和个人原因，仲长统社会历史观上存在消极成份，尤其到了后期，他"思老氏之玄虚"，消极避世，无疑影响了他的成就。在这方面，他指出老庄的"玄虚"；将"本"与"末"范畴引入哲学领域，则又成为魏晋玄学的理论先驱。

仲长统的理论曾在特定历史时期，适应了曹操削平群雄，打击豪强，统一中原和惩治朋党积习、改革吏治的政治需要，具有一定积极进步的作用。这说明仲长统的理论思想已不只是停留在批判上，停留在书本上，而是产生了一定的社会效用，发挥了自己的历史作用。后人对仲长统的评价也是很高的，把他作为秦汉时期最后一位著名的进步思想家。

曹操建邺城

魏、蜀、吴三足鼎立，各自营建了自己的都城。曹魏的第一个都城是邺，魏武帝曹操于建安十三年（208）开始建设邺城作为国都。

由于该城建立于旧城基础上，既保留着旧城的一些特点，同时也采用了新的布局。邺城北面临近漳水，平面呈规则的长方形，东西约有3000米，南北约2160米。四面城门数量不一：南有凤阳门、中阳门、广阳门三门，北有厩门、广德门二门，东西各有建春、金明一门。在东西城之间有一条贯穿全城的大道，将城区分为南北两大部分，北部是宫廷区，包括戚里、衙署和宫城，南部是被分为方整里坊的居民区。北城墙东门内有南北向的道路，将宫城与贵族居住区分离开来。城内道路垂直相交，交叉处立有阙。宫城东、西、中部分别为中朝、铜雀园和大朝。中朝有正门司马门和主殿听政殿，正与南城墙东门广阳门相对，中间有南北向大道相联。大朝的正门南止车门和主殿文昌殿，正对南城墙中门中阳门，中间也通有南北向大道。这两条南北大道形成全城的两个主要南北轴线。大朝的宫殿壮丽雄伟，中朝、后宫宫殿就较为简朴一些。禁苑铜雀园处于大朝与西城墙之间，园西跨西城墙建有三台，南、

东汉祝寿升仙壁画

北、中分别为金虎台、冰井台、铜雀台，三台上下有阁道相通。西城墙之下又有白藏库与乘黄厩，与三台一起组成一组战备工事，平常时日仅仅作为仓库使用，战时用来防御固守，这与当时处于战争时期的时代特点相适应。同时，邺城规划上又表现出一种新的布局方式，如城内东西大道，中阳门内御道以及全城四通八达的道路系统，虽然是在原有道路基础上拓展而成，依照旧城改建的，但是构成了便利的交通网络，明确划分了方整的功能区，形成了宫北市南的格局，还使宫廷区前临东西交通干道，这种新的规划布局，对于魏晋洛阳、北魏平城等后来都城的规划有直接的影响，并且在以后历代都城规划中也被继承、发展着。

魏文帝曹丕于黄初元年（220）篡夺汉室帝位后，迁都于东汉旧都洛阳。邺城在战乱中数遭焚毁，曹魏之后，在后赵、北齐曾两度重建。

辽阳汉壁画墓反映辽东生活

壁画墓，西汉中叶已经出现，到东汉晚期已有了很大发展，东北辽阳地区的汉壁画墓很具特色，不仅对于研究汉代的文化艺术具有很高价值，而且也反映了汉代辽东的社会生活情况。

辽阳的汉壁画墓有三道壕三号墓、鹅房一号墓、雪梅村一号墓、棒台子屯壁画墓、北园二号汉魏壁画墓、棒台子二号墓、辽阳旧城东门里东汉墓等。这些墓一般由墓门、前室、后室、棺室、耳室、回廊等构成，大型墓长宽一般在 7 米左右，小型墓长

辽宁出土东汉壁画

123

辽阳汉墓君车出行壁画

宽一般在 3 ～ 4 米，其中三道壕三号墓左右宽仅 1.26 米。墓葬中残存的随葬品有各式陶器、铜刀、铜镜、铜耳环、五铢钱、货泉等。最有价值的还是墓中的壁画，一般直接绘在墓室石壁上，有的还绘在横枋、立柱及墓室顶部。壁画内容主要是对墓主人生前富豪生活场景的翔实描绘，主要有门卒图、门犬图、宴饮图、家居图、牵马图、拴马图、楼阁图、持经图、出行图、宅第图、庖厨图、云水图、鹿图、红日圆月图、武器图、小史图、"主薄"和"议曹扬"图等。壁画有一定的分布规律：墓门两侧为门卒和门犬；前室多绘百戏和乐舞；后室和回廊绘墓主车骑出行图；后回廊一般绘乐舞百戏、门阙、宅院及属吏；耳室和小室则绘墓主宴饮和庖厨；各室顶部都绘流云。

这些壁画构图严谨，形象生动，色彩鲜艳，而且内容丰富，通过壁画中所描绘的墓主生平经历和豪华生活可以看出，汉末的辽东地区，在中原移民和当地居民的共同辛勤建设下，经济、文化都得到很大的发展。

荀悦著成《汉纪》、《申鉴》

荀悦（148～209），字仲豫，东汉末年颖川颍阴（今河南许昌）人，献帝时曾做过侍中。据《后汉书》记载，献帝喜欢读典籍，但认为班固的《汉书》行文繁复难读，就命令荀悦取材于《汉书》，按《左氏传》的编年体将《汉书》改编成我国第一部编年体断代史《汉纪》。《汉纪》记事起于刘之兴，迄于王莽之败。

荀悦撰写《汉纪》的宗旨是"达道义"、"彰法式"、"通古今"、"著功勋"、"表贤能"；他在序中说明撰述的原则和方法是"谨约撰旧书，通而叙之，总为帝纪，列其年月，比其时事，撮要举凡，存其大体。"一方面在书中忠实于班固《汉书》的思想，另一方面也在写作中阐述自己的历史思

想。他在书中尊奉儒家正统思想，以儒家"三纲"为核心，认为"仁义之大体在于三纲六纪"，并竭力维护汉皇朝的成规，中心是维护皇权。他在书中考察了西汉皇朝政治统治的得失，分析了高祖、文帝、武帝、宣帝、元帝几朝朝政的利弊，提出了"六主"、"六臣"的看法，并且把客观形势同人的心理、志向结合起来考察"立策决胜之术"。荀悦对政治统治和历史经验之密切关系十分重视，他的历史见解具有鲜明的时代性，他的史论继承了司马迁"稽其成败兴坏之理"的遗风。

《汉纪》的体例比《左传》更加严整。他采用连类列举的方法，在有关的史事之下记载与之有重要联系的人物和制度，在依《左传》的编年体按年月排比史事的同时，又容纳了大量历史人物的传记和典章制度的知识，不仅使体例更加严谨，也扩大了编年体史书记事的范围，从而使编年体史书发展到比较成熟的阶段。刘知几论史书二体时极力推崇《汉书》、《汉纪》，将之并称为"班荀二体"。

献帝（190 ~ 220）时政权为曹操控制，献帝只能拱手听命。荀悦在宫中侍讲，对这种状况十分不满，就写了《申鉴》五篇，来议论为政之道。大旨在于宣扬仁义道德，主张根据儒家精神来经世济国，对当时政治和谶纬迷信作了批判。

《汉纪》是中国史学上第一部编年体皇朝史，儒家正统史学也因此书确立了统治地位，对后代产生了深远的影响。

公孙康建立带方郡中朝两国交往密切

朝鲜和中国历来是唇齿相依的友好邻邦。早在公元前1000多年前，中朝两国人民就有了频繁的交往。战国时邻近朝鲜的燕、齐两地人民，为逃避战乱，曾成批地迁徙到朝鲜去，带去了不少先进的生产技术和生产工具，在朝鲜南部立国的马韩对这批具有先进生产技能的中国人表示了极大的热情，将他们安置在东部沿海，以后就长期定居，称作辰韩，语言很多像秦人，因此也称秦韩。西汉初，燕人卫满趁燕王卢绾逃入匈奴之机，率千余人，渡浿水（鸭绿江），奔朝鲜，不久击败朝鲜王箕准，被立为朝鲜王，建都王险城（平壤），统治朝鲜半岛西北部。从卫满到他的孙子右渠，不断招募、收容来自燕齐的流民，中国移民已遍居半岛南北，尤其集中在朝鲜的西海岸。前109年（元封二年）秋，汉武帝刘彻派兵征服右渠政权，在半岛北部先后设置乐浪、真番、临屯、玄菟四郡，不久又将半岛土地裁并于乐浪一郡。西汉末，半岛上先后出现新罗、高句丽、百济3国。新罗本是辰韩的一个部落，文化与汉文化十分接近，统治着半岛的东南部，辰韩在朝鲜当时的马韩、辰韩、弁韩三韩中经济、文化水平最高，人民能种五谷、养蚕织缣布，能制造铁器。

此后一段时间，乐浪郡和新罗、百济、高句丽3个政权并存。184年黄巾起义失败后，各地军阀混战，中国人由辽东移往乐浪，或由山东半岛经海路抵达朝鲜半岛定居的，为数众多，形成第三次移民高潮。

204年辽东割据政权，公孙康就把乐浪郡南部原来荒芜的7个县设立带方郡加以治理，治所带方在朝鲜凤山附近。据140年的人口统计，乐浪郡、带方郡的30多万人口中绝大部分是中国移民。汉话是当地的通用语言。

镇墓石刻流行

天禄石兽

两汉时期，政权相对稳固，经济蓬勃发展，为文化、艺术的发展奠定了坚实的物质基础。谶纬神学的盛行，使汉人形成了完整的生死观，并在丧葬习俗上表现出来，汉代镇墓石刻的流行就是这种现象的反映。

汉人认为"事生如事死"，在这一思想的影响和主导下，盛行厚葬，陵墓作为人死后永久栖宿的场所，墓室营造受到极大的重视，甚至倾注了大量的人力财力。坟垅的表面饰物—镇墓石刻也显得十分繁多且异常华丽，足以标示这一时期石雕艺术的最高成就。

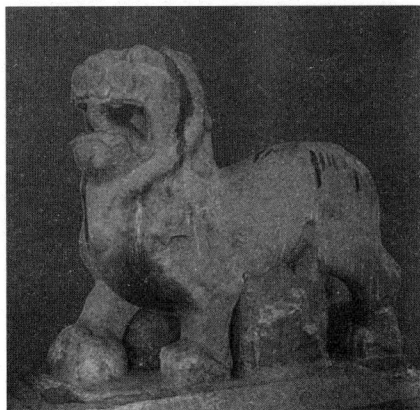

东汉石狮。武士墓群石刻，位于山东嘉祥城南30里武宅山北麓。墓地的北方有石阙一对。两狮皆立石座上，张口怒目，昂首扭颈前视。

东汉辟邪石兽

　　留存至今的一组大型西汉镇墓石刻是汉骠骑将军霍去病墓石刻，该墓地由汉武帝亲自选定，石刻由少府属府"左司空"署内的优秀石匠于元狩年间雕造。遗存下来的这组石刻包括立马、卧马、跃马、卧虎、卧象、石蛙、石鱼、野人、母牛舔犊、卧牛、人物熊、野猪、石蟾等14件和题铭刻石二件。在花冈石上运用循石造型的艺术手法，巧妙地融汇了圆雕、浮雕、线刻等技法，刻画形象恰到好处，善于把握客体特征，无自然主义的过多的雕镂，使整个作品具有整块感和力度感，风格古朴浑厚，沉雄博大，是汉代石刻的杰出代表。整个雕塑群以《立马》为主体，以象征霍去病的威武轩昂形象和横扫一切侵扰者的气势，错置于墓冢周围的各种石刻动物，烘托出霍去病艰苦的战斗生涯。主题思想一目了然，浅显明确，其表现手法含蓄深刻、耐人寻味。在《立马》身上，既有悲壮肃穆的气氛，又有严厉的警告，是思想性和艺术性完美统一的典范，代表了西汉纪念碑雕石刻最高成就。

　　据唐人封演著《封氏闻见记》载：帝王陵前放置石麒麟、石辟邪、石象、石马，臣僚墓前放置石羊、石虎、石人、石柱。这些石刻在东汉陵墓多有发现，它们分布于山东、河南、四川、陕西等广大地区。一般刻有铭文，有比较详细的纪年，如故宫博物院收藏的出土于山东临沂县石羊岭的一对东汉石羊，

127

刻有"永和五年"（140）"孝子孙侯"，"孙仲乔所作羊"的铭文，可以清晰地对其加以考索。有些铭文还记载着一些有关墓主人的具有神奇色彩的传说，如葬于陕西华阴县的杨震，死于延和三年（前90），葬前十多天，有高达一丈多的大鸟，在墓地盘旋悲鸣，葬后才飞去，因此人们作了鸟像安放在墓前。

关于石刻的文化意义虽不太明确，但仍依稀可以考索，有些残存的兽身上刻有"天禄"、"辟邪"字样，同为兽名，最早见于文献记载的是现藏河南南阳博物馆的东汉御史中丞汝南太守宗资墓前的一对石兽，《后汉书·灵帝纪》天禄条明确地记载了它，并断定所刻"天禄"、"辟邪"为兽名。欧阳修在《六一题跋》中也记载了他所亲见的这对石兽。有鉴于此，后人就把那种肩生双翼的石兽称为天禄和辟邪。宗资墓的两兽躯体修长，臀部蹶起，周身满布卷云纹，作即将腾空飞跃的姿势，引而待发，活力内蕴。保存至今最好的肩带双翼的石辟邪是高颐墓前的一对，该墓位于四川省雅安县城东北十公里的姚桥，墓主人高颐是汉末孝廉，曾授益州太守。石碑刻记墓建于建安十年（205）。墓前遗存石兽和石阙各一对，石兽头无角，有双翼，以狮子的自然形态为基本造型，杂糅了传说中瑞兽的某些造型特征，强调了狮子

东汉石辟邪。辟邪身若虎豹，头娄狮子，嘴大牙锐，头生双角，下颌一束卷须，身生双翼。作昂首怒吼状。

粗壮有力的四肢和挺胸昂首、迈步向前的雄姿，浑厚质朴，气势矫健威武。这种带翼石兽在《山海经》中已有记载，战国出土的铜兽也有这种造型，他们在造型特征、神异幻想色彩方面都表现出近似的风格，表明在我国通西域之前早已有存在于国人的想象之中。至于石狮，当以姜公祠前杨君墓石狮最见特点，该墓位于四川庐山境内，在东汉延光元年（122）至灵帝中平六年（189）有太守杨统曾在此任职，出土的残碑额

中有"杨君之铭"，所以命名为杨君墓石狮。这石狮造型方中有圆，四肢粗壮凝重，体态雄健浑厚，昂首张口，挺胸翘尾，气宇轩昂，动静相济，刚柔并健，饱藏着充沛的活力。是东汉镇墓石狮的杰出代表。这类石狮遗存很多，规格各异，有的还标明了价值，如造于建和元年（147）的现山东嘉祥县武宅山的武氏祠的一对石狮，价值四万钱，而石阙却值十五万。这对石狮似虎似狮，雕刻精工，解剖准确，躯体凝重，神态活泼而威严。

除了大型石兽遗存以外，还有少量东汉人形石雕，造型也显得朴拙。山东曲阜孔庙前的两石人，原存县城东南张曲村鲁王墓前，雕于桓帝（147 ~ 161）年间，石人身上分别刻有"汉故乐安太守君亭长"和"府门之卒"的字样，可能是墓主人的亲随侍卫官和亲兵，其造型矮而粗壮，神态端庄肃穆。

总括这些情况，可以完整地看出两汉期间镇墓石刻十分流行，且显示出了精湛的雕塑艺术水平，这些对于考溯我国的文化史，艺术史和丧葬风俗史具有十分重要的价值。

炼丹术兴起

早在公元前3世纪，中国就出现了炼丹活动，西汉时期炼丹术正式兴起并迅速繁盛，东汉末年炼丹术已趋于成熟。

炼丹术是道教修炼方术，它用炉鼎烧铅、汞等矿石（或掺和草术药）以制"长生不死"的丹药，它以丹砂为主要原料，因而称为炼丹术，因方士们声称服食后可以成仙，炼成的丹药可以变成黄金，所以又被称为仙丹术，炼金术等。在炼丹家看来，丹砂和黄金水银等是可以通过锻炼而相互转化的，这种经过锻炼而得到的黄金可以达到使人长生不老的神奇效果。方士们的游说，使汉初一些帝

东汉彩虹鼎。彩虹鼎是东汉时期炼丹术使用的一种设备。

129

王和官僚深信不疑，炼丹的炉火从此燃烧起来。

西汉元光二年（前133），方士李少君请武帝"祀灶""致物"，化丹砂为黄金以便服食，得到汉武帝的支持和响应。淮南王刘安养宾客方士数千人，写了20多万字的讨论神仙方术的著作，其《三十六水法》，据说可以化黄金为水浆，服食后便可长生。西汉末或东汉初成书的《黄帝九鼎神丹经诀》记载了九种神丹大药的药方和炼法。东汉魏伯阳的《周易参同契》是世界上现存最早的炼丹术理论著作，其中说到当时炼丹家《火记》六百篇，可见当时火法炼丹相当普遍，而且积累了大量经验，这时，方士们的神仙思想已发展为道教，随着它的发展，炼丹的风气已深入民间，而且成为方士们"修仙"的一种重要手段。炼丹所用的原料很多，仅矿石类药物就有六七十种，除丹砂外，还有雄黄、雌黄、石留黄、曾青、矾石、磁、戎盐，合称八石，烧炼方法有煅、炼、炙、溶、抽、飞、伏等。炼丹被视为一种神授之术，丹房一般设在人迹罕至的深山密林中，并有一套神秘的仪式和众多的禁忌。

炼丹术兴起以后，通过长期实践，客观上却发现了许多化学现象，并制备了一些化合物，为中国药物学和古化学的发展作出了积极的贡献。

河南画像砖

20世纪50年代后，在河南省大部分地区陆续出土了一批汉代画像砖。这是一种有浅浮雕或阴线画像的砖，用雕刻好的木制印模在半干的砖坯表面压印出图像而成。

西汉初期，墓葬制度沿袭周代礼制，流行的是土坑竖穴木椁墓。经休养生息，社会出现了繁荣和富足，考究的、模拟人间屋宇的崖墓和空心画像砖墓取代了木椁墓，之后又出现了画像石墓。东汉以后，厚葬成风，实心砖替代了空心砖，

校猎·聂政自屠画像

材官蹶张画像　　伏羲画像

砖石墓更为盛行。画像砖就是汉代修筑陵墓时所用的带有装饰图像的砖。

河南画像砖形状有长方形空心砖、长方形实心砖和基本方正的小型实心砖3种。空心砖多属西汉时期，而实心砖则大部分是东汉的产物。河南画像砖的图像多数是经小型印模反复印压而成，它将多个（组）的图形压印在同一砖面上，构成新的图案。这种经组合而成的画像是河南画像砖的主要样式，还有一些是由一个印模压印出的砖是独幅画像。形体大的、中等的与南阳画像石风格相近，小的与四川画像砖样式相似。

如郑州南关出土的两件画像砖，画面有机组合成一幅完整的宅院建筑图：大门树立高阙，围墙由猛犬守卫，一队骑士正通过大门驰向内庭，内庭有内墙和门楼，园中遍植树木并有朱雀回首振羽林中，主人则凭栏端坐于阁楼。这些房屋、骑士、动植物都是分别制模按印在砖上的。而在新野发现的东汉早期画像砖，形体较小，画面则是用一个整模捺印而成的，富有浮雕趣味。

河南画像砖的内容和艺术形式十分丰富，属西汉晚期的画像砖以表现建筑、植物和活动于其中的人物以及武吏田猎的内容为主。如洛阳出土的画像砖以佩剑持戟的官吏与马、张弓射猎、挽虎逐鹿为中心图像，间以朱雀、桑树、梅花，画面布局疏朗，阴刻的线条简直、圆韧，反映出汉代崇尚雄浑气魄的审美情趣。东汉的画像砖内容题材更为多样化，有乐舞、击剑、车马、射猎、宫阙、羽人驭龙、西王母以及各种飞禽走兽等内容，是当时贵族奢华生活的反映和社会思想意识的形象表达。如郑州、禹县等地出土的作品，装饰性强，一块砖面有数种花纹图案，有些还在图案的组合中表现出一定的主题意识。

施笞·进谒·二桃杀三士画像

131

这些东汉画像砖有阴线刻、阳线刻和体面较明确的浅浮雕多种雕刻方式，或以花纹环绕外围，或以图像与花纹交织，或将图案重复造成密集的效果。出土于南阳的东汉中期以后的画像砖，一砖一画，主题鲜明，有斗兽、杂技和历史故事的内容，造型风格与南阳画像石相近。其中新野出土的方形砖人物造型细瘦，已见魏晋风格的端倪。

河南画像砖的花纹图案有同心圆、菱形、树形、乳钉形纹，间杂有单个物象的鱼纹、鸟纹、变形蚕纹，还有少量的吉祥语及纪年文字。

河南画像砖的出土，对研究汉代的墓葬制度和艺术的发展，以及当时社会生活面貌、意识形态提供了极好的原材料。

汉代民居丰富多彩

两汉时期国力强盛，人民生活也相对稳定，皇家宫苑，贵族宅第被大量兴建，推动了民居的发展，由于生活水平、等级制度等条件的限制，使汉代民居呈现出丰富多彩的特色。

据文献记载，汉代修建房屋有严格的等级制度，列侯公卿及食禄万户以上的住宅称"第"或"宅"，第宅的大门可以直接开向大街，出入不受里门开闭的限制。这些第宅一般建筑有前后堂，仿周代的前堂后寝的体制，在中轴线上布置前后堂及大门等三四进以上的建

汉代红陶城堡房屋·四面

铜屋

陶厕、猪圈。汉代明器。图中建筑物四周围壁，两侧高台上筑厕所两间；高台下，围壁内为猪圈。圈内有母猪育仔模型及猪食槽。厕所的修建，牲畜的圈养，充分反映了当时人们对农事与环境卫生的重视。

筑，前后有数重院落，大门能通马车，有屋顶，门旁有房间可留宾客，称门"庑"，进门有院，对门的正房是"前堂"，前堂内分隔出"室"和"厢"等房间，堂上有的设有天花，称为"承尘"，前堂是整个第宅的主要建筑，体形高大，有东、西阶。有一道横墙使之与后院分开，横墙中开一门，叫"中"。穿过中便进入了"后堂"，后堂有阶、轩，有些还有楼，最后开有后门，称为"后阁"。在中轴线左右有院墙，在墙内设廊一周，称"两庑"，使后堂和门庑相接，形成一封闭的数重院落的建筑群，这些是供户主使用的主要建筑，此外，

彩绘陶仓楼。东汉明器，仓楼模型。

还包括有厨、仓、库、厩及众多奴仆的住处，一般规模宏大，按轴线布局，仿佛是皇宫建筑组合的缩影。

由于土地兼并严重，大量的土地日益集中至豪强手中，豪强生活十分奢华，他们往往聚族而居，家庭成员连同奴仆，一般达数百人，其住宅规模也很大，西汉驸马都尉董贤的第宅有三重院落，还认为太小。东汉安帝为其乳母建造的第宅，占地两个坊里，内部装饰极尽华丽。从四川德阳、成都等地出土的画像砖可以看出，这些豪强贵族的住宅在体制和格局上也与宫苑建筑相仿，只是规

133

模有所区别，但一般都有庭院，种植了一些树木，环境优美，生活气息却浓厚得多。乡下贵族第宅还建有花园，农村豪强筑有城堡，称坞壁。即以第宅为中心四周筑有高墙，四角建角楼，具有防御功能，反映了地主豪强拥有私人武装这一社会现实。如广州、甘肃武威都出土过明器坞堡，但现实的坞堡比这些形像资料规模宏大，结构也复杂得多。

汉代城市下层居民被限制在里闾中，房屋被称为舍，基本形式为一堂二室，其平面一般为方形或长方形，多数采用木构架结构，夯土墙。广东出土的汉明器中，有三合式住宅，曲尺形住宅，从四川成都画像砖的庭院等看，它们由主房、厨房、厕所、圈房等建筑及廊庑、围墙等组成，各自经济条件不同，房屋体制区别很大。贫民住所却多为板房、茅屋，甚至仍为穴居，这些住所粗糙简陋，仅能勉强躲避风雨，处于半穴居状况的农民还占居相当数量。

总之，汉代土地兼并，经济发展，使得部分富豪生活十分奢华，农民、手工业者却纷纷破产，生活条件差异极大，住宅也显得丰富多彩，尖锐的阶级对立从而可见一斑。

漆器工艺衰微

东汉时期，漆工艺进入衰微阶段。在此期间墓葬出土的漆器比西汉显著减少，并且质量有所下降，只有少数精致之品。

影响漆工艺在东汉衰微的主要因素是瓷器的兴起。瓷器与漆器相比，更加容易制造而且比较实用，瓷工艺的崛起改变了人们的一些生活习惯，迅速成为生活的必需品。日常生活的变化必然导致丧葬习俗的变化，所以东汉墓中漆器减少，有些规模不小的墓只发现两三件漆工艺品。另外，西汉末年社会的动荡变化也是漆工艺在东汉衰微的一个原因。

东汉彩箧绘孝子故事图

东汉漆器值得列举的只有少数几件实物。如广州龙生岗古墓出土的东汉初期漆器残片，有云中翔鹤或奔兽等精美的漆绘。江苏邗江甘泉二号汉墓出土的一件十子奁，镶金铜箍，嵌水珠或琥珀珠，并有针刻图案纹饰，小盒底以铜叶作胎，以减少重量增加盒的容量，在设计方面有创新。东汉后期葬墓出土的漆器比前期更少，比较精美的只有一件鎏金错银铜扣漆尊，尊为筒身、平底、三面兽纹饰蹄足，在甘肃武威雷台汉墓出土。

从考古发掘的情况可以看出，东汉中期以后官营漆器制造业已经衰落。尽管东汉墓也有少数精致漆器出土，说明髹饰工艺在东汉时期仍有发展，但从总的形势来看，漆工艺在此期间已经衰微。

211 ~ 219A.D.

东汉

211A.D. 汉建安十六年

七月，曹操自将击韩遂、马超等，九月，大破之，遂、超奔凉州。刘璋迎刘备入蜀，欲以击张鲁。

212A.D. 汉建安十七年

正月，加曹操赞拜不名、入朝不趋、剑履上殿。五月，曹操杀马腾，夷三族。九月，孙权作石头城于秣陵，徙居之，改名建业。

213A.D. 汉建安十八年

五月，曹操自为魏公，加九锡。

214A.D. 汉建安十九年

十一月，曹操杀皇后伏氏，灭其族及二皇子。

215A.D. 汉建安二十年

五月，刘备、孙权分荆州，以湘水为界。七月，曹操破汉中，张鲁遁，徙汉中民八万余口于洛、邺。十一月，张鲁降于曹操。

216A.D. 汉建安二十一年

四月，曹操进号为魏王。

217 A.D. 汉建安二十二年

正月，曹操自将击孙权；三月，孙权请降。

文学家王粲、陈元林、刘桢去世。

219A.D. 汉建安二十四年

刘备破斩夏侯渊于定军山。三月，曹操至汉中，刘备与之相持。七月，刘备称汉中王。十一月，孙权袭取荆州，十二月，关羽败死。孙权上书曹操称臣。

曹操杀文学家、画家杨修。左慈传丹鼎派道术。孔雀东南飞流传于民间。

211A.D.

二月，罗马皇帝塞维鲁死于不列颠之约克城，子卡拉卡拉嗣位（211 ~ 217）。

217A.D.

罗马皇帝卡拉卡拉为部下所杀。禁卫军长马克里枘斯称皇帝（在位年代217 ~ 218）。

曹操平定关中

建安十六年（211）三月，曹操命司隶校尉钟繇征讨汉中郡（今陕西汉中东）张鲁。进兵汉中必经关中，于是钟繇进兵关中。当时关中（古称幽谷关以西为关中，古幽谷关在今河南灵宝东北）诸将各据一方，而其中以马超、韩遂二股势力最强。关中诸将以为钟繇将要袭击自己，一时俱反。马超、韩遂、侯选、程银、杨秋等十将合兵十万，屯据潼关（今陕西潼关县北），阻挡曹军进关。七月，曹操派曹丕留守邺城，亲率大军赶赴潼关前线。八月，曹军兵至潼关，与马超等军夹关对峙。曹操见潼关一时难以攻下，暗中派大将徐晃、朱灵先渡过黄河，然后接应全军北上渡河进击。曹军渡过渭河后，在渭南安营与马超等军对峙。马超等慑于曹军声威，请求割地求和，曹操不许。马超率军来战，曹操又坚守不出。不久，马超等再次求和。曹操假意许和，使用分化瓦解之计，离间关中诸将。时机成熟后，曹操出兵与关中军决战，大破关中诸军，阵斩关中将成宜、李堪等人。马超、韩遂、杨秋逃离关中，

南京古石头城遗址。孙权曾在此依山筑城，因江为池，与曹操、刘备形成三足鼎立之势。

杨秋投降。十二月，曹操留大将夏侯渊驻长安镇守关中，自己率军回师。至此，曹操完全平定了关中。

高诱注书

高诱，涿郡（今河北涿县）人，从小跟从卢植学习，精通经书，是著名的训诂学家。建安二十二年（217）他注解的《淮南子》完成。高诱见兵灾人祸，书传遗失很多，担心《淮南子》因无人钻研，终将泯灭，于是回忆老师的讲授，并参照经传道家之言，为《淮南子》作注解。注解完成后，注稿被典农中郎将弁揖借读，遗失了八卷。建安十七年高诱迁任河东监，又重新把这本书补足。高诱一生除注解《淮南子》外，还有《礼记注》等。现在仅存的只有《战国策注》部分内容和《吕氏春秋注》。

孙权迁都建业

建安十七年（212）九月，孙权迁都建业（今江苏南京）。孙权的长史张纮曾以秣陵（今江苏江宁南）山川形胜，劝孙权把秣陵作为治所。刘备过秣陵，也劝孙权居之。孙权于是在秣陵境内修筑石头城（今江苏南京清凉山），由京口（今江苏镇口）移治秣陵，后改称建业。从此，建业就成为江东孙权集团的政治中心。其后，建业曾做过六朝的都城，有"六朝古都"之称。

刘备占据益州·平定三巴

建安十七年（212）十二月，刘备应益州牧刘璋之请进至益州（今四川成都）、葭萌（今四川广元西南）后，树恩立德，收买人心，准备夺取益州。当时江东孙权受曹操攻击，请刘备相救，刘备借机向刘璋借兵，刘璋只给兵四千，辎重物资亦只给一半。刘备乘机激怒将士反对刘璋。此时，刘璋谋士张松暗通刘备谋取益州之事泄漏，被刘璋斩首，刘璋又命各地关戍，不许刘备通过。刘备于是向刘璋发动进攻。第二年五月，刘备军势更盛，连连取得胜利，分军四下平定许多地方，刘备围攻雒城时，因迟迟不能攻下雒城，于是命镇守荆州的诸葛亮等人沿江西进，共取益州。建安十九年（1214），诸葛亮与大将张飞、赵云攻克益州巴东郡（今四川奉节东），随后张飞、赵云分兵两路，攻占江阳（今四川泸州）、犍为（今四川彭山）、巴西（阆中，今属四川）、德阳（今四川遂宁）等地。刘备后来占领雒城。诸葛亮、张飞、赵云率军与刘备会师，进围成都（今属四川）。刘备派从事中郎简雍入成都劝降。当时成都城还有精兵三万，粮食可用一年，军民准备誓死抗战。这时马超正在张鲁麾下，密书请求向刘备投降，刘备给马超补充军队，命其引兵屯扎于成都城北，城中大惊。刘璋无心再战，开城投降，刘备进入成都，把刘璋迁回公安（今湖北公安东北），自领益州牧。于是在建安十九年（214）闰五月，刘备占据益州。这为后来建立蜀汉政权打下了基础。刘备奔波半生，终于也有了自己的地盘。

建安二十年（215）十一月，刘备见曹操势力不仅进入汉中（今陕西汉中东），而且进入三巴（巴郡、巴西、巴东）地区，便派遣部将黄权出兵三巴，击败投降曹操人酋帅朴胡、任约等人。曹操派大将张郃率军准备把三巴的人迁往汉中。刘备派巴西太守张飞率万余人迎击。相持五十多天后，张飞大破张郃，迫使张郃退回到南郑。刘备于是平定了三巴地区。三巴地区平定以后，刘备势力得到极大发展，为刘备政权的巩固和发展铺平了道路，扫除了障碍。

曹操治魏

建安二十一年（216）五月，魏公曹操进封魏王，继续担任丞相，领冀州牧。曹操在外抗孙、刘政权的同时，对魏国内部加强统治。曹操在建安年间三次下令申明唯才是举，勿拘操行。第一次是210年春颁布《求贤令》，第二次是214年十二月发布《取士毋废偏短令》，第三次是217年下达《举贤勿拘品行令》，指出即使"不仁不孝而有治国用兵之术"的，也应"各举所知，勿有所遗"，因此网罗了大批人才，文学也得到了发展，出现"建安七子"。曹操还广泛地屯田，开展农业生产，获得了与孙刘相持的重要物质基础。同时，曹

蜀道古桥。四川剑门关北的古石桥，是蜀道上现存较完整的三孔石砌桥，具有山区桥梁厚墩粗犷的特点。

操还用强硬手段镇压了数次起义。建安二十三年（218）正月消灭少府耿纪、太医令吉本、司直韦晃的起兵；同年十月消灭侯音的聚众造反；建安二十四年（219）九月，诛杀谋反的魏讽。每次镇压都牵连众多。在曹操的治理下，国家得到安定，生产继续发展，使魏一直处于三国中最强的政治地位。

诸葛亮严令治蜀

　　刘备于建安十九年（214）闰五月进驻成都后，诸葛亮辅佐刘备治理蜀地，法度严明。法正对诸

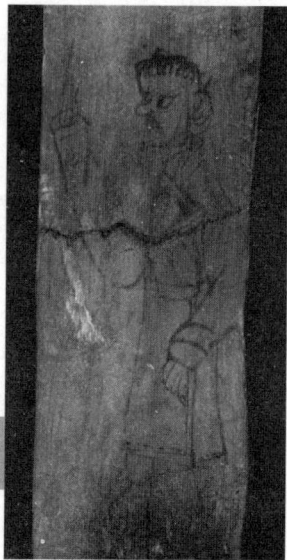

东汉木板画羌人图

葛亮说：过去汉高祖进入函谷关，曾与民约法三章，秦朝的百姓十分爱戴他。现在我希望您能减轻刑法，放松禁令，让这里的老百姓也能感恩于你。诸葛亮解释说：秦朝法令太严苛了，使百姓怨气冲天，汉高祖用刑松驰，可以济大事。而刘璋昏庸懦弱，不施行德政，也不严肃法令，使国家混乱无序。现在必须采取严明的法度，使奖惩分明，善恶各得其所，才可以奖善惩恶，才可以"荣恩并济，上下有节"。诸葛亮以严治蜀后，果然蜀地社会安定，生产加速发展，人民安居乐业，国事渐渐强大，蜀地的经济、政治、文化面貌一时焕然一新。诸葛亮严令治蜀，为蜀国日后的发展做出了贡献。

周瑜、鲁肃相继去世

三国故事绘画。图为明人绘的《关羽擒将图》。

141

建安十五年（210），周瑜在巴丘（今湖南岳阳）病死。周瑜（175～210），字公瑾，庐江舒县（今安徽舒城）人，是江东名将，为人恢宏大度，很得人心，又精通音乐，当时有"曲有误，周郎顾"之谣。他出身世族官僚家族。孙策起兵平定江东时，周瑜率兵相助，随孙策东征西讨，连破强敌，为江东立下了汗马功劳。建安十三年，周瑜为前部大督，与刘备联军在赤壁大破曹军，建立奇功。建安十五年，周瑜准备进取益州（今四川成都），兵未发，因病而死，年36岁。临终之时荐鲁肃代自。孙权恸哭周瑜英年早逝，说："公瑾有王佐之资，今忽短命，孤何赖哉！"

建安二十二年（217），江东鲁肃病死。鲁肃（171～217），字子敬，临淮东城（今安徽定远东南）人。出身世族家庭，家富于财，他性好施舍，很得人心，后因周瑜举荐，归附孙权。鲁肃是一个相当有远见的政治家、军事家，曾劝孙权结好刘备，共抗曹操。周瑜死后，鲁肃代周瑜领兵，又与刘备大将关羽争夺荆州，并会见关羽，义正辞严地责备刘备失信，终于得与刘备中分荆州。鲁肃屡建功勋，为一时名将，建安二十二年病死，年46岁。

吕蒙去世

建安二十四年（219）十二月，东吴大将吕蒙夺取荆州后一病不起，不久去世。

吕蒙（177～219），字子明，汝南富陂人。吕蒙与周瑜、鲁肃同为江东名将，孙权认为他强于鲁肃，稍逊于周瑜。吕蒙为江东屡出奇策，屡建战功。曾随孙权平定黄祖，又与周瑜等人在赤壁大败曹操，攻取南郡，攻克皖城，在濡须口击破曹操。最大的功劳是施计袭破关羽镇守的荆州，为孙权取得了"全据长江"这一优越的战略地位，他还曾为鲁肃筹划五计，对付关羽；又曾劝孙权于濡须口立坞，后江东依此坞屡破曹操。吕蒙少不识字，每次上书，常要请人代笔，后孙权劝他读书，他用心于学业，学问大进，鲁肃曾说吕蒙"学识英博，非复吴下阿蒙"。建安二十四年（219）十二月，吕蒙因病死去，年42岁。十年间，东吴三员大将周瑜、鲁肃、吕蒙相继英年早逝，为东吴的一大损失。

关羽败走麦城

建安二十四年（219）十月，江东大将吕蒙乘关羽与樊城守将曹仁对峙之时偷袭荆州，攻占了关羽的大本营江陵。关羽面面受敌，急忙从樊城撤兵西还，驻扎在麦城。吕蒙采取分化瓦解的策略，使关羽的将士无心恋战，逐渐离散。关羽孤立无援，坚守麦城。孙权派人诱降关羽，关羽伪称投降，在城头立幡旗，假做军士，自己却逃走，只有十多骑跟随。孙权派朱然、潘障断了关羽各路途。在章乡捉获关羽和其子关平，随即处死。

关羽（？～219），字云长，河东解县（今山西临猗西南）人。他勇猛善战，时称"万人之敌"。他曾随刘备东征西讨，屡建战功。建安五年（200），曹操大败刘备，俘虏关羽，对关羽百般优待，爱惜关羽勇武，曾流传"上马金，

洛阳市关林。相传为三国蜀将关羽首级埋葬地。历代封建君王为宣扬忠君思想，追封关羽"帝君"、"关圣"，故此地被称为"关林"。

143

下马银"之说，并封其为汉寿亭侯，但关羽始终不为所动，伺机逃归刘备，刘备对关羽极其倚重，常派关羽镇守战略要地，独挡一面。建安二十四年，关羽进攻樊城，曾水淹于禁七军，军威大振，威镇华夏，曹操曾议迁都之事以避其锋芒。后因江东吕蒙施巧计袭破他镇守的荆州，使关羽进退失据而兵败被杀。

汉乐府叙事诗《孔雀东南飞》成

　　我国古代第一篇长叙事诗《孔雀东南飞》为东汉末建安年间（196－219）无名氏所作。它取材于当时发生在庐江郡（今属安徽）的一个真实的婚姻悲剧，后经民间口头流传、文人们加工润色而成，最早见于梁朝徐陵所编的《玉台新咏》，题为《古诗为焦仲卿妻作》。后人多以该诗首句"孔雀东南飞"为题。

　　《孔雀东南飞》叙述了一个哀婉动人的故事——平民女子刘兰芝勤劳善良、知书达礼，嫁入没落的仕宦之家后，与当府吏的丈夫焦仲卿情意甚笃。

东汉陶女舞俑

东汉哺婴俑

东汉陶坐听俑

东汉陶吹笙俑

尽管她"奉事循公姥"，"昼夜勤作息"，仍无法让刻薄专横的婆婆满意，最终被遣归娘家。临别时夫妻"二情同依依，结誓不别离"。但以娘家兄长为代表的封建势力一再对刘兰芝施加压力，迫她另嫁高门。刘、焦二人知无缘复合，遂先后以死殉情。

《孔雀东南飞》最突出的艺术特色是成功地塑造了几个人物形象：勤劳善良、外柔内刚的刘兰芝；孝顺懦弱但忠于爱情的焦仲卿；唯我独尊、冷酷专制的焦母；自私庸碌、重利轻情的刘兄。诗中通过行动来反映人物的心理和性格。如写兰芝被遣归家前着意"严妆"，可见此女的自尊与倔强；写她迫于情势无法拒婚，心中死意已决，却仍不动声色移榻裁衣，由此可见其清醒与决断。而写焦仲卿临死前"徘徊庭树下"，实际上他是徘徊在守礼尽孝与忠于爱情之间，揭示出其矛盾复杂的心理，真实感人。

《孔雀东南飞》的另一大艺术特色是汲取了丰富的民歌叙事艺术手法和技巧。全诗长达 1700 多字，是整齐的五言韵诗，采用了民歌常用的铺叙和比兴手法，语言自然流畅，声调和谐，色彩绚丽；情节结构完整，剪裁精当，叙事和抒情有机结合。既有基于现实生活的描述，如详写兰芝离开焦家时的服饰仪容，铺陈太守家备办婚事的奢华；又有浪漫主义的升华：如诗末以松

145

柏连理、鸳鸯和鸣来象征刘、焦爱情的不朽。

《孔雀东南飞》以其高度的思想性和艺术性成为汉乐府叙事诗发展的高峰，对后世文学产生了深远的影响。

刘熙著《释名》

《释名》作者为刘熙，一生没有出仕，因而史书没有给他立传，其生平事迹也无法考索，仅知他是东汉末北海郡（今山东潍坊，高密一带）人，过着隐居生活，三国时曾以学者身份活动在交州一带，吴蜀的许多名士曾与他交游。《释名》一书在吴末孙皓凤凰二年（273）已广为流布，为当时学者所重视，因而此书当成于汉末。

《释名》全书 27 篇分为 8 卷，编排体例模仿《尔雅》，除普通词外，都按物质所属类别编排，它旨在探求人类生活中各种创造物的名称来源，分类十分细密，有《释采帛》、《释首饰》、《释床帐》、《释书契》、《释用器》、《释兵》、《释车》、《释船》8 篇，包括天、地、山、丘、道、州国、形体、姿容、长幼、亲属、言语、饮食、采帛、首饰、衣服、宫室、床帐、书契、典艺、用器、乐器、兵、车、船、疾病、丧制等。

考索词源是传统训诂学的重要内容和研究课题，它起源很早，先秦文献中已经有了探求词的音义来源的声训，但这种方法的使用不自觉，也不普遍。汉代，由于阐释经学的需要，利用声训阐发理论观点成为一种时尚，但出发点是阐发政治主张，因而主观随意性很强，且有鲜明的政治色彩。所训的对象多为政治词汇，还不属于科学的词源探求的范畴。刘熙的《释名》开始摆脱了带有强烈政治色彩和主观随意性的学术氛围，从语言声音的角度来推求字义的由来，并探讨客观词源，推求事物得名的由来。这决定了它的训释方式是先用同音或近音字作训，然后说明其意义关系，即被训词得名的由来。例如《释山》："山夹水曰涧，涧，间也。言在两山之间也。"这里先用同音词"间"作"涧"的声训，进而说明"涧"是因其在"两山之间"而得名，书中所推求的物名来源，有相当一部分非常精辟独到，显示出刘熙在词语溯源方面的敏锐眼光。这种忠实语言事实的态度，是值得肯定的。

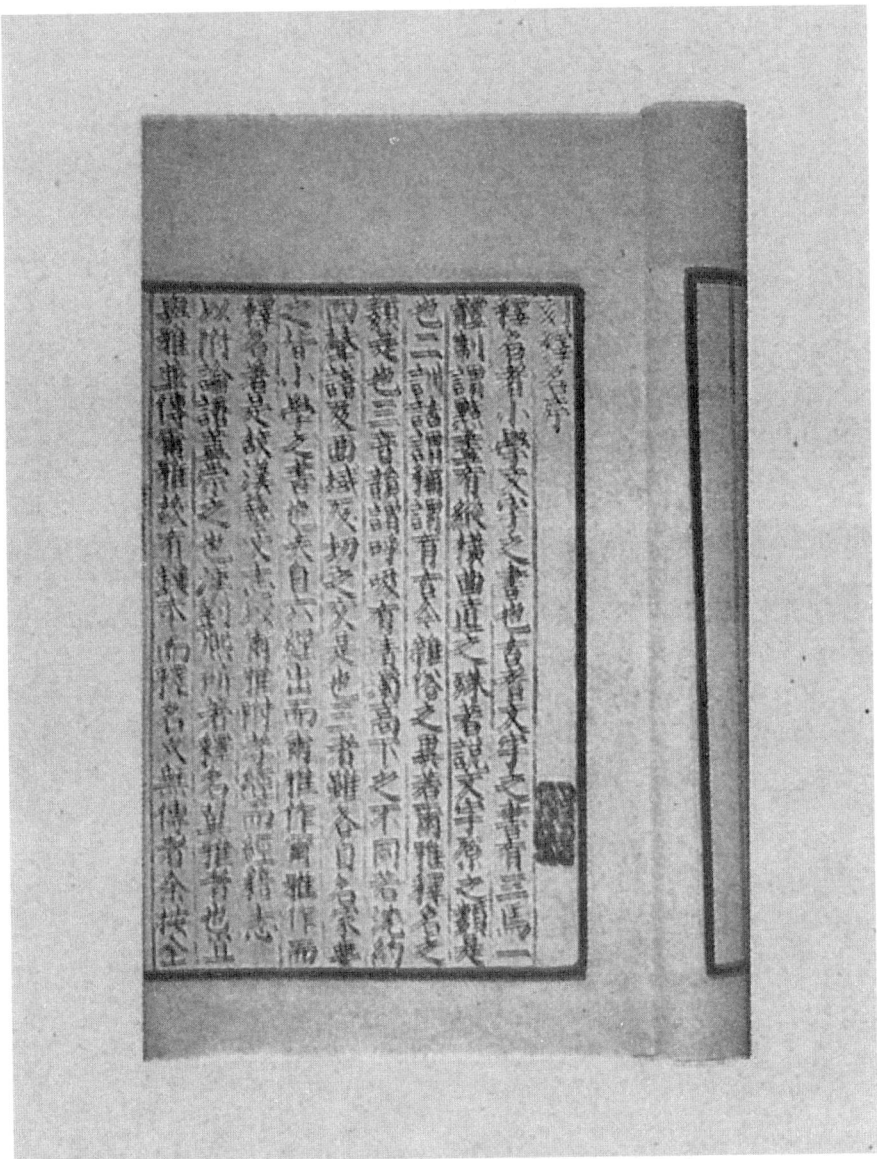

刘熙《释名》书影

刘熙的有些声训并没有经过系统的探索而缺乏科学性，主观臆断在所难免，但它在词源学方面的开创之功却是不容抹杀的，而且在语言学史具有很高的价值，首先借助大量的材料和多方面的阐释，证实了汉语词汇命名的规律：物名一般是由先于此的其他物名派生的，物名与其源词有语音方面的联系，物名命名乃是以其某一方面的特征为依据的。其次，它展示了汉代民间生活的风俗和多方面的情况，在物名探求中包含了十分重要的文化内容，这种语言和文化的互相映证，具有后代文化语言学的某些因素，使之成为一部极有价值的考证汉末语言的著作。

冶金技术蓬勃发展

铜鼎。汉代量器。鼎最初作为炊具，商周成为礼器，秦汉又常作明器随葬。

两汉时期，冶金技术得到了全面的发展。钢铁技术突飞猛进，集中体现在具有一定规模的冶铁竖炉成批建立，炒钢、灌钢和百炼钢的发明，以及两步冶炼的基本体系初步形成。有色金属（铜、黄金、白银等）冶炼和加工技术有了较大提高，突出的成就是胆水炼铜法的出现，黄金、白银的大量使用。层叠铸造、金型铸造等铸造技术有了进一步发展。热处理技术上，铸铁可锻化退火技术更为纯熟，钢和青铜的淬火技术已相当普及。金属表面的镀锡、

汉铜羽人

汉透雕铜牌饰。这件长方形透雕牌饰，左为茂盛的树一株，树下伫立一马，正在低头吃草，生动自然。虽然没有着意刻画马的细部特征，但马的神态逼真。这种牌饰属匈奴的艺术品。

镶嵌、镀金银、抛光以及表面渗碳等表面加工处理技术也有较大发展。

冶炼技术方面，西汉中晚期至东汉初期的冶铸铁作坊已具备成套的冶铸铁设备，多座炼铁竖炉、烘范窑、长方形排窑、废铁坑，以及配套的炒钢炉、锻炉、退火炉、配料坑等。另外还有铁料、熔炉耐火材料、铁范、泥范、鼓风管、矿石、木炭等生产资料。炼铁竖炉一般呈直筒形或椭圆形，炉缸平面有圆形、椭圆形、长方形等种类，大的容积可达 50 米^{3}左右。冶铁原料矿石主要是赤铁矿、褐铁矿等，需经严格筛选才能入炉。燃料主要是硬质木炭，其次还有煤炭，它们在陶质风管及至东汉初年杜诗发明的水排等鼓风装置的协配下，燃烧充分，所达温度足够需要。生铁品种以白口铁为主，麻口铁次之，而且主要用于直铸器的基础上，灰口铁明显增加，并增加了作炒钢用的原料和直接脱碳退火原料的用途，进步很大。这些都反映出汉代炼铁技术的先进水平。而欧

虎牛祭盘。西汉时期滇人祭器。主体为一立牛，设计巧妙，造型奇异，形象生动，显示了匠师的丰富想象力和高超的艺术创造水平。

洲生铁冶炼技术大约是 14 世纪才发明出来，椭圆形高炉的使用更是 19 世纪中叶的事，晚于我国 1800 多年。

炼钢技术也长足发展。汉代以前，制钢是在固态下进行，不仅渗碳过程进行缓慢，而且产品含碳量往往较低，夹杂较多，极大地限制了钢的使用数量和范围。西汉中晚期，出现了在液态半液态下进行的炒钢技术，氧化脱碳较快，生产率较高，产品质量也较好，它的发明在较大程度上满足了社会对可锻铁的需求，引起了兵器农具使用的重大改观；稍后百炼钢发明，对炒钢进一步加工锻打，很大程度上弥补了炒钢渣铁分离和成分控制较难的不足，产生了大量削发如泥、锋利无比的宝刀、宝剑。东汉晚期，发明的灌钢技术也在半液态下进行，比炒钢的氧化反应更剧烈，去渣能力较强，成分较易控制，得到的钢制产品夹杂少，含碳量较高，主要用来制作刀剑器的刃部，被誉为"后世平炉炼钢法的先声"。东汉时期的坩埚钢，基体为珠光体，晶粒间界上分布有许多网状渗碳体、磷共晶和部分氧化物，碳分布均匀，含碳量达 1.21%。可见，坩埚钢的技术水平已经很高，它们的出现无疑是炼钢技术史上的巨大进步。

汉代铜业仍很发达，冶铜技术上又有崭新的突破。铜器以实用为主，有容器、钱币、铜镜以及部分兵器、车马器等，考古发现颇多，可知当时铜业仍较兴盛。在冶铜技术上，火法冶炼中使用了硫化矿，品位大增；对铁和胆水中的铜的置换作用有了初步认识，为日后大规模的胆水炼铜奠定了基础；还发明一种叫"伪黄金"的新型铜合金。

铸造技术方面，西汉时期，石型、泥型、叠铸、熔模、金型等铸造工艺更为纯熟，而且铸造内容从铸铜为主转到了铸铁为主。其中化铁炉技术进步很快，炉体使用弧形耐火砖砌造，外敷草拌泥，内搪炉衬；炉底空心，建筑在一个透空支座上，支座下设 15 个左右支柱，这些对于炉缸防潮、保温都具有重要意义。而且可能已使用了换热式送风装置。这一时期还出现的"十涷"、"三十涷"、"百涷"等铜精炼技术，将铜在液态下反复精炼，达到进一步去除夹杂的目的。此外，汉代黄金工艺也有百炼之说。

热处理技术方面，铸铁可锻化退火的热处理技术在两汉时期逐渐成熟起来，体现在：退火石墨多较规整，呈典型的团絮状，分布亦较均匀，其中石墨球化得更为规整，具有明显的核心和放射结构，与现代球墨铸铁国家标准

汉鎏金铜熊镇

一类A级相当，真是冶金史上极为罕见的奇迹。西汉时，由于制钢术、以及刀剑工艺的迅速发展，发明于春秋晚期的钢的淬火技术迅速推广开来。西汉初年中山靖王刘胜的佩剑和错金书刀，只在刃部进行局部淬火，脊部组织仍只有珠光体和铁素体，使得刀剑既具有锋利的刃部又有柔韧的脊部，性能优越，充分展现了淬火技术的精良。秦汉之时，由于青铜刃器的减少，青铜淬火工艺主要使用于铜镜、铜锣铜钹的加工上，以提高铜的强度和塑性，降低硬脆性。

表面加工处理技术方面，冶金的表面加工处理技术可把整个金属器物打扮得五光十色，光彩四溢。其中的镀锡工艺虽因铜器使用范围的缩小受到不少影响，但仍不断发展，并在铜镜工艺中得到升华。铜镜表面涂一层锡汞齐，再经驱汞、砑光，"鬓眉微毫可得而察"。成熟于汉代的镀金银技术应用范围很广，容器、车马器、建筑构件、兵器、生活日用器等都可外镀金银。汉代继续沿用出现于商，发展于东周的镶嵌和错磨工艺。镶嵌多用于玉石类，错磨工艺则是在铸出或镂刻好的嵌槽中，或镶入金属丝片状物，或浇入金属液体，或涂布汞齐，最后错磨以平。其中著名的如满城汉墓出土的鸟篆文错金银铜壶、错金博山炉等，具有极高的艺术价值。